U0658087

走近圣贤丛书

丛书总主编 舒大刚

走近

孟子

品读孟子
走近亚圣
尽心知性以知天

廖名春 著

山东城市出版传媒集团·济南出版社

图书在版编目（CIP）数据

走近孟子 / 廖名春著. —— 济南：济南出版社，
2020.1（2023.1重印）

（走近圣贤 / 舒大刚主编）

ISBN 978-7-5488-4081-7

Ⅰ. ①走… Ⅱ. ①廖… Ⅲ. ①孟轲（约前372-前289）
—生平事迹 Ⅳ. ①B222.5

中国版本图书馆CIP数据核字（2020）第024231号

出 版 人　崔　　刚
丛书策划　冀瑞雪
责任编辑　孙育臣　　张子涵
封面设计　李海峰

出版发行　济南出版社
地　　址　山东省济南市二环南路1号（250002）
编辑热线　0531—86131747（编辑室）
发行热线　82709072　86131701　86131729　82924885（发行部）
印　　刷　山东潍坊新华印务有限责任公司
版　　次　2020 年 10 月第 1 版
印　　次　2023 年 1 月第 2 次印刷
成品尺寸　150 mm × 230 mm　16开
印　　张　10.75
字　　数　140 千
印　　数　5001-9000册
定　　价　37.00 元

（济南版图书，如有印装错误，请与出版社联系调换。联系电话：0531-86131736）

总　序

　　这是一个需要圣人而且产生了圣人的时代。

　　在公元前800年—公元前200年,在地球北纬20°和北纬40°之间的地域,世界上一批思想巨星和艺术宗匠闪亮登场,他们的思想和学说照亮了历史的天空,开启了人类的智慧,并一直温暖着人们的心灵。

　　那是一个群雄纷争、诸邦并列的时代:在古代欧洲,是希腊、罗马各自为政的城邦制时代;在南亚次大陆,是小国林立、诸邦互斗的局面;在古代中国,则是从"溥天之下,莫非王土"的西周王朝,转入了诸侯争霸、七雄战乱的"春秋战国"时代。那时天下大乱,战火连绵,强凌弱,众暴寡,争地以战杀人盈野,争城以战杀人盈城,百姓生活在被侵袭、蹂躏和面临死亡的威胁之中。如何才能恢复社会秩序,实现社会安定? 什么才是理想的治国安邦良策? 芸芸众生的意义何在? 人类前途的命运何在? 正是出于对这些现实问题的思考,一批批先知先觉诞生了,一服服治世良方出现了。人类历史也由此进入了智慧大爆发、思想大解放的"诸子并起,百家争鸣"时代!

　　在古波斯,琐罗亚斯德(前628—前551)出现了;在古希腊,苏格拉底(前469—前399)、柏拉图(前427—前347)出现了;在以色列,犹太教先知们出现了;在古印度,佛陀释迦牟尼(约前565—前485)诞生了;在中国,则有管子(约前723—前645)、老子(约前571—前471)、孔子(前551—前479)、孙子(约前545—约前470)、墨子(约前475—前395)等一大批精神导师、圣人贤人横空出世! 德国哲学家雅斯贝尔斯在 1949 年出版的《历史的起源与目标》中,将这一时期定义为"轴心时代",并认为,"轴心时代"思想家们提出的思想原则,塑造了不同的文化传统,也一直影响着人类未来的生活。在希腊、以色列、中国和印度的古代文化都发生了"终极关怀的觉醒",智者们开始用理智的方法、道德的方式来面对这个世界,同时也产生了宗教和哲学,从而形成了不同类型的智慧,逐渐形成了"中国文化圈""佛教和印度教文化圈""希腊—罗马和犹太—基督教文化圈",决定了今天西方、印度、中国、伊斯兰不同的文化形态。这些文化圈内人们的思想因为有了"轴心时代"思想家的智慧火花,才一次又一次地被点燃,这些文化也才一代又一代地得以传承和发展。

相反,由于没有"轴心时代"先知先觉思想的恩惠,一些古老文明也就无缘实现自己的超越与突破,如古巴比伦文化、古埃及文化、古玛雅文化,它们虽然都曾经规模宏大、雄极一时,但最终都被历史的岁月无情地演变成文化的化石。

中华民族以其悠久的历史和灿烂的文化屹立于世界民族之林,中华文化历经数千年而不衰竭,今日更以雄姿英发之势,傲视寰宇。它不仅是"世界四大古文明"(古埃及、古巴比伦、古印度和中国)中唯一迄今仍然巍然独立、生生不息的一个,也是上述四大文化圈中传承序列最明晰、文化形态最温和、可持续性最强的一种文化。

浩浩龙脉,泱泱华夏,何以能创造如此文明奇迹?中国"轴心时代"期间的"诸子百家"、圣人贤人所做的绝妙思考和留下的精神财富,无疑就是历代中国人获取治国安邦之术的智慧源泉。在这一群圣人贤人之中,有德有位、立言立功、多才多艺的周公(姓姬,名旦)无疑是东方智慧大开启的奠基者。历五百年,随着王室东迁、文献流播,而有管子、老子、孔子、孙子者出。管子是用知识和理想治理社会和国家而获得成功的第一人,是后世儒与法、道与名诸多原理的蕴蓄者。老子曾为周守藏室史,主柱下方书,善观历史,洞晓盛衰,得万事无常之真谛，故倡言不争无为，而为道家鼻祖。孙子虽言兵，然而崇仁尚智，以兵去兵，而为兵家之神圣。同时，有孔子者出，远法尧舜之美，近述周公之礼，删六艺以成"六经"，开学官以授弟子，于是乎礼及庶人，学术下移，弟子三千，达徒七十有二，口诵"六经"，身行孝敬，法礼乐，倡仁义之儒家学派因而诞生！

自是之后，民智大开，学术鼎盛，家有智慧，人有热忱，皆各引一端，各树一帜，于是崇俭兼爱的墨家（以墨翟、禽滑釐为代表），明法善断的法家（以申不害、商鞅、韩非为代表），循名责实的名家（以邓析、公孙龙为代表），务耕力织的农家（以许行、陈相为代表），清虚自守的道家（以文子、庄子为代表），象天制历的阴阳家（以子韦、邹奭、邹衍为代表），以及博采众长的杂家（以尸佼、吕不韦为代表），纵横捭阖的纵横家（以鬼谷子、苏秦、张仪为代表），纷纷出焉，蔚为人类思想史上之大观！

诸家虽然持说不同、观点互异，但其救世务急之心则一。善于汲取各家智慧，品读各家妙论，折中去取，必收相反相成、取长补短之效。《诗》曰："我思古人，实获我心！"生今之世，学古之人，非徒抒吊古之幽情、发今昔巨变之慨叹而已，亦犹有返本开新、鉴古知今之效云尔！

是为序！

目 录

前　言

　　孟子是先秦儒学的重要代表。长期以来,他被人们尊为"亚圣",奉为孔子思想的正宗传人。在历代众多的儒家思想名家中,除了孔子以外,对中国文化影响最深、人们研究最多的,恐怕就要数孟子了。

　　早在先秦时期,人们就开始了对孟子思想的研究。荀子《非十二子》篇声讨孟子之罪,认为他与子思"略法先王而不知其统,犹然而材剧志大,闻见杂博。案往旧造说,谓之五行,甚僻违而无类,幽隐而无说,闭约而无解。案饰其辞而祗敬之曰:此真先君子之言也"①。其《性恶》篇又屡批孟子性善论,认为孟子"不及知人之性,而不察乎人之性伪之分者也"。荀子的批评,从侧面反映了孟子思想及其学派在战国末期的强大影响。《韩非子·显学》篇也说:"孔、墨之后,儒分为八,墨离为三,取舍相反不同,而皆自谓真孔、墨,孔、墨不可复生,将谁使定世之学乎?"韩非所谓"儒分为八"中,就有"孟氏之儒"。战国末期,儒家各派竞争正统,孟子学派参与其间,自然就有各派相互之间的批评、驳议,而对孟子思想的研究,就由此揭开了序幕。

　　秦始皇统一六国后,实行文化专制,焚书坑儒,"孟子徒党尽矣"(赵岐:《孟子题辞》)。但这只是暂时现象,汉文帝时,《孟子》即被列入官学,置传记博士。汉武帝时"罢黜百家,独尊孔氏"②,孟子思想从此成为传统社会的正统思想。司马迁作《史记》,将孟子写入《孟子荀卿列传》,除简单地介绍孟子的生平、学说外,还分析了其思想不显于

---

　　①　详见廖名春:《思孟五行说新解》,《哲学研究》1994 第 11 期。
　　②　顾炎武:《日知录》卷十八,文渊阁《四库全书》子部·杂家类杂考之属。

战国之世的原因，说："天下方务于合纵连横，以攻伐为贤，而孟轲乃述唐、虞、三代之德，是以所如者不合。"并说："余读《孟子》书，至梁惠王问何以利吾国，未尝不废书而叹也。"(《史记·孟子荀卿列传》)司马迁对孟子及其思想学说不遇于时充满了同情和惋惜。

西汉末年的扬雄将孟子视为"圣人"(《法言·君子》)，原因就在于他认为孟子"不异"乎孔子(《法言·君子》)。他称赞孟子之"勇"，以为非荆轲所能比，是"勇于义而果于德，不以贫富、贵贱、死生动其心，于勇也，其庶乎!"(《法言·渊骞》)又盛赞"杨、墨塞路，孟子辞而辟之"，有"廓如"之功，而"后之塞路者有矣，窃自比于孟子"(《法言·吾子》)。可以说，扬雄是西汉尊孟的代表。

东汉光武帝时，《孟子》博士虽被取消，但白虎观诸儒说经，仍多称引《孟子》。

从西汉开始，人们就开始为《孟子》作注。据文献记载，刘向可能为《孟子》作过注，其注本今已不存。东汉则有赵岐注、程曾注、高诱注、郑玄注、刘熙注，其中影响最大、一直流传至今的则为赵岐注。赵岐应为孟学第一功臣。他注《孟子》，先将其分为七篇，每篇取首章二三字为题，又将每篇分为上、下两卷，然后再作章句。我们今天见到的《孟子》一书，其形制即为赵氏所定。对于赵岐的训诂之功，清人阮元早有定评："赵岐之学，以较马、郑、许、服诸儒稍为固陋，然属书离辞，指事类情，于训诂无所戾。七篇之微言大义，藉是可推，且章别为指，今学者可分章寻求，于汉传、注别开一例，功亦勤矣。"①赵岐又著《孟子题辞》②，盛赞《孟子》一书"包罗天地，揆叙万类，仁义道德、性命祸福，灿然无所不载"，认为其功用无穷，"帝王公侯遵之，则可以致隆平、颂清庙;卿、大夫、士蹈之，则可以尊君父、立忠信;守志厉操者仪之，则

---

① 阮元:《孟子注疏校勘记·序》。见廖名春，刘佑平整理:《孟子注疏》，《十三经注疏》整理本，北京大学出版社 2000 年版。

② 该文作者是否为赵岐，人们尚存分歧。笔者倾向于旧说，以文属赵岐。

可以崇高节,抗浮云";其文章"长于譬喻,辞不迫切而意以独至"。所以,赵岐称孟子为"命世亚圣之大才者也"。孟子的"亚圣"之称,由此而开始。

而以王充为代表的思想界的非主流派,则继承荀子的批判精神,对《孟子》展开了攻击。《论衡·刺孟》篇一连举出十五个问题非难、抨击孟子,尽管有些观点过于偏激,有些论据有欠充分,但确实击中了孟子思想的一些症结。王充对《孟子》的批判,直至今天还有相当的影响。

魏晋南北朝直至中唐以前,孟子之学不显。陆德明《经典释文》不为《孟子》作"音义",后来方有张镒《孟子音义》、丁公《孟子手音》之作。但"惟是音释二家,撰录俱未精当。张氏则徒分章句,漏落颇多;丁氏则稍识指归,伪谬时有"①,水平不高。到了中唐,以韩愈为代表的知识界主流,则竭力推崇孟子。韩愈视孟子为道统的最后一人,认为孟子是"醇乎醇者"②,"功不在禹下","赖其言,至今学者尚知尊孔氏、崇仁义、贵王贱霸……向无孟氏,则皆服左衽而言侏离矣"③。韩愈之说对后人,尤其是宋人,影响极大。到五代时,后蜀刻《孟子》于石经,这标志着孟子的正统地位又开始恢复了。

宋代,孟子的政治地位达到顶峰,学者对孟子的研究也达到了鼎盛。北宋时,尽管有李觏(gòu)、郑厚叔、司马光的反孟、贬孟之说,但王安石变法时以《孟子》取士,《孟子》又一次成为官学。

宋代治孟之作空前繁荣,其内容分为三种:一是注疏,二是传说,三是考辨。注疏之作,最为知名者首推孙奭(shì)的《孟子注疏》,该书后被收入《十三经注疏》,流传颇广。此书是否确系孙氏所作,自朱熹

---

① 见廖名春、刘佑平整理:《孟子注疏》,《十三经注疏》整理本,北京大学出版社2000年版。

② 韩愈:《读〈荀子〉》,文渊阁《四库全书》集部·别集类,汉至五代《五百家注昌黎文集》卷十一。

③ 韩愈:《与孟简尚书书》,文渊阁《四库全书》集部·别集类,汉至五代《五百家注昌黎文集》卷十八。

之时起就有人怀疑，但孙奭确有《孟子音义》二卷传世。宋人最好的《孟子》注本是朱熹的《孟子集注》，此书以理学为主导，融汇诸家之说而成一家之言，简明扼要，于文义颇得其旨，为学谨严，疑而不决处便存疑，是继赵岐注后又一重要的《孟子》注本。此外，朱氏还有《孟子集义》十四卷，但质量不如《孟子集注》。总的说来，朱熹可称为孟学的第二功臣。除朱氏之作外，宋代的注疏还有真德秀的《孟子集编》十四卷、蔡模弟兄的《孟子集疏》十四卷、赵顺孙的《孟子纂疏》十四卷、吴真子的《孟子集成》等。

宋人传说之作有苏辙的《孟子解》二十四章，张九成的《孟子传》二十九卷、《孟子解》十四卷，朱熹《四书或问》中的《孟子》十四卷，张栻的《癸巳孟子说》七卷，此外尚有旧题尹焞的《孟子解》二卷、旧题朱元晦的《四书问目》。

宋人考辨之作有司马光的《疑孟》一卷，余允文的《尊孟辨》三卷、《续辨》二卷，金履祥的《孟子集注考证》七卷，托名王应麟的《论语孟子考异》二卷。其中金氏之书于孟子事迹考证尤多，颇有价值。

孟子思想对宋代理学家影响至深。理学家致力于道德性命"内圣"之学，都以孟子的性善论为理论依据。孟子的义利观、尽心知性知天观①、仁政学说，都为宋儒所继承。特别是心学派的陆象山，其学更是直接从读《孟子》而来，他的发明本心足矣、毋需别言格物之说，明显是脱胎于《孟子》，是从孟子的心性之学中生发出来的。此后而至明王守仁，心学一系都归宗孟子。朱熹将《孟子》列入"四书"，孟子在儒学体系中的地位才真正得以确立。

元代时，孟子被封为"邹国亚圣公"，但孟子研究无甚新意，只是步朱熹《孟子集注》之后尘。值得注意的有：赵德《四书纂要》，内有《孟子》三卷；陈天祥《四书集注辨疑》，内有《孟子》五卷，一百七十四条；

---

① 至于其理解是否合孟子原意则又是另一回事。详见本书第六章第二节。

史伯璇《四书管窥》，内有《孟子》二卷；许谦《读四书丛说》，内有《孟子》二卷；詹道传《孟子纂笺》十四卷。

至明，《孟子》一书又遭厄运。朱元璋读到《孟子》"民为贵，社稷次之，君为轻"和"君之视臣如土芥，则臣视君如寇仇"等语，甚为恼怒，下令取消孔庙中孟子的牌位，还要撤掉孟子的"亚圣"之冠。但至永乐年间，胡广奉敕撰《四书大全》，明成祖亲为其作序，这样，包括《孟子》在内的"四书"，其地位就超过了"五经"。以后二百余年，其被尊为科举取士之制，成为时人的基本读物和文人仕进的敲门砖。

明人的治孟著作大多不出朱熹《孟子集注》和胡广《四书大全》的窠臼。但万历以后有所转机，也出现了一些与荀子、王充精神相通的著作，如高拱的《问辨录》、姚舜牧的《四书疑问》、寇慎的《四书酌言》、鲁论的《四书通义》、谭贞默的《三经见圣编》等。在考证上也出现了薛应旗的《四书人物考》、陈禹谟的《别本四书名物考》、陈仁锡的《四书考》、陈鹏霄的《四书经学考》等。这些书虽不能称为精当，但它们旁征博引，开了清人考据之风。

清初康熙作《日讲四书解义》二十六卷、陆陇其作《四书讲义困勉录》三十七卷和《孟子集注大全》十四卷、王植撰《四书参注》、王步青作《孟子本义汇参》，皆为宋学一系著作。黄宗羲有《孟子师说》二卷，偏重推究事理，对异说多有驳难。而毛奇龄又撰《四书剩言》四卷、《补》二卷，善于辩论而长于考证。阎若璩《四书释地》，在孟子生平年月、《孟子》作者等问题上进行了精细的考证。崔纪的《读孟杂志》一卷，则认为《孟子》大旨出于《大学》。

乾嘉之际，孟学大家迭出。戴震著《孟子字义疏证》三卷，用范畴研究的方法，采取答问形式对理、天道、性、才、道、仁义、礼智、诚、权等问题进行了系统性的研究。该书"抉摘宋明理学之弊，卓然自成一家言,其意不在专释《孟子》"①。周广业有《孟子四考》,即"逸文考""异本考""古注考""出处时地考",论证翔实,不少结论成为定论。崔述撰《孟子事实录》,对孟子事迹及《孟子》的某些篇章多所考证,成绩斐然。此外,翁方纲还有《孟子附记》二卷。

道光年间,焦循撰《孟子正义》三十卷,此书以赵岐《孟子章句》为基础,考论精细,资料繁富,集历代《孟子》研究之大成,人称"清儒注《孟子》,焦书最完善"②,应不为过。此书从清代以来,流传颇广。因此,焦氏可谓孟学的第三功臣。此后,有董锡嘏撰《孟子集注指要》、凌江撰《孟子补义》、施彦士撰《读孟质疑》、宋翔凤撰《孟子赵注补正》、丁大椿撰《来复堂孟子讲义》诸书。同治、光绪年间则有姚开元《孟子校异》、陈世镕《孟子俟》、罗泽南《读孟札记》、汪宗沂《孟子释疑》、姜郁嵩《孟子说》、陈矩《孟子弟子考补正》、俞樾《孟子评议》、谭沄《孟子辨证》、沈梦兰《孟子说》、桂文灿《孟子赵注考证》、沈保靖《读孟集说》、康有为《孟子微》等著作。在这些著作中,考证精审者要算俞樾之作,有特色者要算康有为之作。

五四运动以后,治孟著作层出不穷。注释类的有杨伯峻的《孟子译注》(中华书局,1960),史次耘的《孟子译注》(台湾商务印书馆,1973),刘方元的《孟子今译》(江西人民出版社,1985),陈器之的《孟子通译》(湖南大学出版社,1989),刘聿鑫、刘晓东的《孟子选译》(巴蜀书社,1990),刘鄂培的《孟子选讲》(北京古籍出版社,1990),金良年的《孟子译注》(上海古籍出版社,1995),鲁国尧、马智强的《孟子全译》(江苏古籍出版社,1998),杨逢彬译注的《孟子》(岳麓书社,2000),潘新国、余文军的《孟子直解》(浙江文艺出版社,2000),孙聚友的《孟子新注》(西苑出版社,2001),李申的《孟子全译》(巴蜀书社,2001),徐宏兴的《孟子直解》(复旦大学出版社,2004),等等。其中以

---

① 范希曾:《书目答问补正·经部·孟子之属》,上海古籍出版社1983年版。
② 范希曾:《书目答问补正·经部·孟子之属》,上海古籍出版社1983年版。

杨伯峻之作流布最广,影响最大。

综合研究类的有钱穆的《孟子要略》(大华书局,1934)和《孟子研究》(开明书店,1948),杨大膺的《孟子学说研究》(中华书局,1937),吕涛的《孟子评传》(山西人民出版社,1987),王其俊的《孟学新探》(济南出版社,1990),谭承耕的《〈论语〉〈孟子〉研究》(湖南教育出版社,1990),梁韦弦的《孟子研究》(吉林大学博士论文,1992),翟廷晋的《孟子思想评析与探源》(上海社会科学院出版社,1992),杨国荣的《孟子评传——走向内圣之境》(广西教育出版社,1994),何晓明的《亚圣思辨录——〈孟子〉与中国文化》(河南大学出版社,1995),董洪利的《孟子研究》(江苏古籍出版社,1997),张奇伟的《亚圣精蕴:孟子哲学真谛》(人民出版社,1997),杨泽波的《孟子评传》(南京大学出版社,1997),刘鄂培的《孟子大传》(清华大学出版社,1998),李明辉的《孟子重探》(联经出版事业公司,2001),刘培桂的《孟子大略》(泰山出版社,2007)。

考证类的有罗根泽《孟子评传》(商务印书馆,1932),钱穆《先秦诸子系年》(商务印书馆,1936),陈大齐的《孟子待解录》(台湾商务印书馆,1980),陈训章的《孟子管窥》(台湾黎明文化事业股份有限公司,1984),张松辉、周晓露的《〈论语〉〈孟子〉疑义研究》(湖南大学出版社,2006),以及孙开泰、梁涛的一系列文章。其中成果以钱穆、陈大齐最为突出。

专题研究类的有陈顾远的《孟子政治哲学》(泰东图书局,1922),李慎言的《孟子的政治思想及经济思想》(易社,1931),陈大齐的《孟子名理思想及其辩说实况》(台湾商务印书馆,1974)和《孟子性善说与荀子性恶说的比较研究》(台北文物供应社,1953),《孟子文法研究》(香港商务印书馆,1964),唐林泉的《孟子政治思想新论》(台湾商务印书馆,1978),陈圣勤的《孟子文辞今析》(台湾正中书局,1980),滕春兴的《孟子教育哲学思想体系与批判》(台湾正中书局,1983),贺荣一的《孟子之王道主义》(北京大学出版社,1993),杨泽波的《孟子性善论研究》(中国社会科学出版社,1995),王泽宣的《孟子的论辩艺术》(济南出版社,1996),刘家贵的《孟子思想与企业管理》(广西人民出版社,1999),李文永的《〈论语〉〈孟子〉和行政学》(东方出版社,2000),刘培桂的《孟子和孟子故里》(中国文史出版社,2001),张觉的《〈孟子〉句式变换释例》(上海财经大学出版社,2001),周文德的《〈孟子〉同义词研究》(巴蜀书社,2002),崔立斌的《〈孟子〉词类研究》(河南大学出版社,2004),安乐哲、江文思编的《孟子心性之学》(社会科学文献出版社,2005),等。此外,还有许多论文集出版,如王兴业编的《孟子研究论文集》(山东大学出版社,1984),谢祥皓编的《孟子思想研究》(山东大学出版社,1986),赵宗正等编的《孔孟荀比较研究》(山东大学出版社,1989),丁冠之主编的《孟子研究论文集》(山东大学出版社,1997),庞朴主编的《儒林》第3辑(山东大学出版社,2006),等等。

除了这些孟学著作之外,许多的哲学史、思想史著作以及散见于各杂志的大量论文,都对孟子的各个方面进行了研究,其影响并不在上述专著之下。

五四运动以来的孟子研究,最大的特色就是冲破了传统经学的藩篱,将孟子作为学术研究的对象而不是作为"亚圣"来对待。因此,学术界在孟子研究的各个方面都取得了一系列超越前人的成果。

胡适的《中国哲学史大纲》(上卷)首开以近代科学方法撰写中国哲学史的风气。胡适认为,性善论是孟子哲学的中心问题,孟子由性善把个人人格看得重要,有一种平等主义,他的政治哲学很带有尊重民权的意味;孟子哲学是"妈妈政策",要人快活安乐,要人多享幸福;孟子也是功利主义者,他讲的"仁义"是最大多数的最大乐利。梁启超在性善论和民权主义等问题上所持观点接近胡适,但他不赞同胡适关于孟子主张功利的说法,认为孟子最大特色在于排斥功利主义,注重道德较之追求物质为高尚。① 冯友兰承认孟子政治观是守旧的,但又认为孟子实际上已将先王之法理想化、理论化了,因而具有改良倾向,如将井田制度改变为含有社会主义性质的经济制度。他还认为孔子只及于"内圣",孟子则更及于"外王";孟子为软心的哲学家,其哲学有唯心论的倾向;荀子为硬心的哲学家,其哲学有唯物论的倾向。② 随着马克思主义理论的普及,许多学者又开始用唯物史观和阶级分析的方法来研究孟子。

吕振羽认为孟子并非民权主义者,而是初期封建制度的拥护者。战国时代,新兴封建地主——商人经济有了发展,而孟子仍站在贵族领主立场上,要求打压新兴封建地主的进步思想和农民革命思想。孟子思想一面有着人本主义因素,另一面他的性善论却是一种主观唯心主义,并用来麻痹被统治阶级,隐蔽不同的阶级性。孟子所说的"民"是知识分子、地主和商人等,而不是农奴。因此,孟子只是一个改良主义者。③

杨荣国认为孟子维护种族奴隶制,他提倡公田制是反动的,目的是要摧毁地主与农民的租佃制。他所描绘的井田制和"周室班爵禄",是从经济上与政治上维护周统的两大"造说"。杨氏还认为《孟子》中的"民"是由百官没落下来的自由民,所谓"民为贵",不过是重视自由民的地位。孟子的哲学思想是发挥子思先验的"诚",加强内观功夫,所谓"求放心""存夜气",形成严密的主观唯心主义体系。孟子的"仁义""仁政"是欺骗被奴役人民,借以加强统治者的宗族团结。④

范文澜认为孟子的井田制实际是要地主回到领主的地位上,农民回到农奴的地位上,但他的仁政学说含有不少独辟的积极思想,是封

---

① 梁启超:《先秦政治思想史》,中华书局 1924 年版。
② 冯友兰:《中国哲学史》,上海神州国光社 1931 年版。
③ 吕振羽:《中国政治思想史》,上海黎明书局 1937 年版。
④ 杨荣国:《中国古代思想史》,三联书店 1954 年版。

建时代最可宝贵的政治理论。他的哲学思想是性善论,是从统治阶级看本阶级的性是善的,所以本阶级的理义也是善的。对被统治阶级的人来说,当他对理义表示顺从时,性也是善的;表示反对时,那就是性恶的禽兽。①

侯外庐等人则认为,孟子不主张在贫富关系上破坏已往的阶级制度,他的"正经界"是恢复周制的论调;孟子有一定的人民性;他的"思诚"扩大了人性中的义理性,减低了天的宗教性,"性"可以备万物,性善论把"诚"更理论化了。②

唯物史观和阶级分析的方法给孟子研究吹进了一股清风,从社会历史的广阔背景,从生产力与生产关系、经济基础与上层建筑的矛盾运动来认识孟子的思想,解决了不少前人未能解决的问题,也矫正了五四运动以来孟子研究中的形式主义偏向。但毋庸讳言,这种研究也存在着简单化和"硬贴标签"的倾向,结果导致了对孟子和孟子思想的全盘否定。

20 世纪 70 年代末期以来,人们对孟子的阶级属性、哲学思想、政治经济思想、历史观与天命观进行了广泛而深入的探讨。有人认为孟子代表奴隶主贵族阶级的利益,政治上是反动的;有人则认为孟子代表新兴的地主阶级的利益,政治上是进步的;有人则认为他代表由奴隶主贵族转化而来的地主阶级的利益,属于地主阶级中比较温和、保守的一派。对于孟子的哲学思想,有的认为是主观唯心主义的,有的认为是客观唯心主义的,有的则认为是唯物主义的。对于孟子的伦理道德观,有的认为是先验的唯心主义;有的否定这一观点,认为所谓"四端"与经过培养后的既成形态"仁、义、礼、智"是不同的,孟子性善论的着眼点正是要从人类带有遗传性的某些内在本性、本能或天生资质中探寻道德的起源;有的认为孟子是使中国封建道德条理化的第一

---

①　范文澜:《中国通史》第一册,人民出版社 1978 年版。
②　侯外庐等:《中国思想通史》第一卷,人民出版社 1957 年版。

人,他的性善说,并不是说人生来的本能都是善的,而是说人之所以为人的特质是善的。对孟子的认识论,有的认为是主观唯心主义的;有的认为它有一定的科学基础;有的认为它大体上是唯心主义的,但也有很多有价值的、富有启发性的和能够深化人们认识的思想。孟子的政治经济思想,有的认为主要表现在"施仁政""行王道"两个方面,倾向于肯定;有的认为是逆潮流而动的,倾向于否定;有的认为他的政治思想主要采取"王道"和"武力"两个政策,以争取民心为主,以武力统一为辅。对孟子的历史观与天命观,学者意见分歧也很大:有的认为孟子是宗教有神论的天命观;有的认为其历史观是唯心主义的,天命观是唯物主义的;有的认为他的历史观是"先知先觉"的英雄史观,在天命观上,他摆脱了宗教唯心主义世界观,赋予"天"以道德属性。尽管在孟子及其思想的研究上存在着如此大的分歧,但总的来说,人们的研究态度正变得越来越客观,研究方法正趋于多样化,认识也越来越细致、深入。

纵观以往的孟子研究,主要存在下列问题:

一是主观性。不从孟子思想的实际出发,乱贴标签,按照流行的理论模式往孟子身上套。如《孟子》中的"民",本来是一个广泛的概念,或泛指一切人,或专指被统治者,只要看看《孟子》就会清楚。可是有的人为了否定孟子的"民为贵"说,硬要说孟子所谓"民",既不是指下层人民,也不是中小地主,而是指没落的奴隶主阶级。孟子主张"定于一",有人说这是奴隶主的统一,而非封建主的统一。这种阶级分析的方法,实际是无助于孟子思想研究的。对孟子的思想,人们习惯于唯心、唯物的划分法,因此将孟子一些本身并不回答谁是第一性、谁是第二性这一哲学根本问题的观点也硬划分为唯心或唯物,比如"万物皆备于我……"这一段话,本来是讲境界问题,可长期以来人们就一直认定它为主观唯心主义的代表论点,这完全背离了孟子的原意。

二是片面性。对孟子思想各取所需,不问其余,以致往往对同一问题形成了针锋相对的观点。如孟子所说的"天",有的认为是主宰之天,有的认为是自然之天。讲主宰之天的,就不顾自然之天的事实;讲自然之天的,对主宰之天的存在也不加以解释。结果各执一端,相持不下。

三是功利性。许多人研究孟子,喜欢从其自身立场出发而曲解孟子思想,其中存在两种极端:一是从反传统的立场出发,肆意贬低孟子。如孟子的仁政学说,有些人一口咬定其实质是历史的倒退;孟子所讲的井田,疑古派学者否定它有历史的根据,认为是孟子的胡编乱造。二是为维护宋儒的道统论,不惜美化孟子。如孟子和告子论人性,孟子理论上的漏洞和逻辑上的失误确实存在,告子有些论点是不能否定的,然而有个别学者千方百计贬低告子,为孟子的失误辩护,不遗余力地证明性善论这种先验道德论的正确性,这自然失之偏颇。

四是重复性。这是中国思想史研究的一个通病,孔孟的研究最为突出。就孟子研究而言,大部分专著、文章了无新意,陈陈相因。其中一个重要原因就是不注意查阅文献。某些问题前贤今人已研究得很透彻了,已经成为定论了,许多人还在埋头苦干,结果造成重复劳动。这固然与客观条件有关,但也和我们的主观意识、研究方法有关。

针对上述四个问题,本书在广泛吸取前贤时修研究成果的基础上,以实事求是原则和辩证方法为指导,将考据和义理相结合,对孟子的生平和思想进行系统探讨。

第一章　孟子的生平和时代

　　颂其诗,读其书,不知其人,可乎? 是以论其世也。是尚友也。

——《孟子·万章下》①

　　孟子的身世,是一座若隐若现的高峰,许多细节还锁在云雾之中。因此,两千年来异说纷纭,莫衷一是。下面,我们主要根据《孟子》一书,与《史记·孟子荀卿列传》以及战国史料互相参证,并参考前贤今人之说,结合孟子所生活的时代背景,对其家世和生平进行详细的考订。

第一节　时代背景

　　要深入理解孟子的智慧,了解孟子的生平,先要了解孟子所处的时代。孟子生活于战国中期,这是中国的社会形态发生剧变的时期。当时的社会,正如刘向所说:"上无天子,下无方伯;力功争强,胜者为右;兵革不休,诈伪并起。"(《战国策书录》)新的郡县制正在代替旧的分封制度,政治秩序极其混乱,"上无道揆,下无法守"(《离娄上》),一切旧的"纳民于轨物"的东西都已失去了原有的约束力,于是就形成了空前的社会动乱和残酷的兼并战争。春秋时代还有一百多个大大小

---

　　① 下引《孟子》文,均只称篇名。

小的国家,经过长期的混战,这时已基本合并为秦、齐、楚、魏、赵、韩、燕七国,统治者"以土地之故,糜烂其民而战之"(《尽心下》),"争地以战,杀人盈野;争城以战,杀人盈城"(《离娄上》)。争战的必然结果,是由分裂走向统一。

为了在争战中获胜,进而由自己一统天下,战国七雄掀起了变法运动的高潮。魏国率先变法,李悝"尽地力之教"(《史记·孟子荀卿列传》),注意发展农业生产;又编著《法经》,强调保护私有财产;对于旧贵族,则限制他们的种种特权和其骄奢淫逸的生活。吴起在楚国执政,在楚悼王的支持下开展变法,奉行"损有余、补不足"的措施,削夺旧贵族的世袭权力,精减"无能""无用"之官,裁汰"不急之官",节省开支来供养"选练之士";又把旧贵族迁移到荒凉地区,以充实、开发边疆。吴起又整顿吏治,"塞私门之请,一楚国之俗","使私不害公,谗不蔽忠","破横散从,使驰说之士无所开其口"(《史记·范雎蔡泽列传》)。与孟子同时的变法运动则更多。申不害在韩国为相,实行改革。他讲究统治之"术",主张中央集权的君主专制体制,强调君主要把牢任用、监督、考核臣下之大权,而臣下"治不逾官,虽知弗言"(《韩非子·定法》)。齐国则任用邹忌推行法家政策,进行政治改革,接受臣下意见,注意选拔人才,罢黜不称职的奸吏,奖励得力的将领和官吏。但影响最大的则首推商鞅在秦国的变法。商鞅持"治世不一道,便国不法古"(《史记·商君列传》)之论,在秦国进行了两次变法运动。第一次变法的内容是:颁布法律,制定连坐法,轻罪用重刑;奖励军功,禁止私斗,颁布二十等爵制;重农抑商,奖励耕织,鼓励垦荒;焚烧儒家经典,禁止游宦之民。第二次变法的内容则是:废除井田,"开阡陌封疆"(《史记·商君列传》);推行县制;统一度量衡;按户口征收军赋;革除戎狄风俗,禁止父子兄弟同室居住。

这些竞相进行的变法运动,为新生产方式的迅速发展扫清了道路。郡县制开始取代分封制,新的官僚制度开始取代世卿制度,俸禄制度开始取代世禄制，一家一户为一个单位的个体生产方式正逐渐地取代井田制，随着国家奖励耕织、奖励军功政策的实行，新兴的军功地主阶级开始出现在国家的政治、经济舞台上。这一切，又刺激了社会生产力的飞速发展。

在战国时期，冶铁技术有了很大的改进，能用木炭作燃料，皮囊鼓风，这样炉温一提高，不仅可以冶铁，而且可以炼钢。当时，赵之邯郸，楚国之宛，都是著名的冶铁中心。孟子曾问从楚国来的许行"以铁耕乎"（《滕文公上》），可见那时中国的北方和南方各地均已普遍使用铁制农具。过去作为牺牲的牛，这时已更普遍地用于农耕。水利事业也得到了更迅猛的发展，如：魏国在西门豹主持下，开凿了十二条渠道，引来漳水灌溉临漳的田地，不仅避免洪涝，而且大大提升了生产效率。在农业生产方面，已实行深耕，知道精耕细作，并广泛使用粪肥和草木灰肥。随着商品生产的发展，商品交换也更加活跃，孟子呼吁"关市讥而不征"（《梁惠王下》），就是这种形势的必然反映。

面对时代巨变，士人们提出了一系列治国"药方"，这样就形成了所谓的"百家争鸣"。在孟子时代，对儒家学说威胁最大的是墨子学派、杨朱学派、农家学派，此外还有道家学派和法家学派。孟子的思想，也是在与这些对立学派的反复驳难、互相攻诘中不断完善的。针对法家的唯利是图，孟子倡言仁义，以王道对抗霸道；针对杨墨兼爱、为我之说，孟子强调人伦纲常对于人类的重要；针对许行学派的平均主义、市贾不贰的主张，孟子坚持社会分工，强调"物之不齐，物之情也"（《滕文公上》）；针对告子的性无善恶说，孟子坚持仁义礼智根于心……

总之，孟子思想是时代的产物，我们只有将孟子思想置于当时的历史条件之下，才能准确地认识孟子思想；我们只有将孟子思想与其同时代的思想家进行比较，才能对其做出恰如其分的评价。这也是本书解读孟子智慧的基本思路。

第二节　家世考辨

孟子是战国何时何地人？这个问题历来就有争论。司马迁和赵岐都说"孟子，邹人也"①。谭贞默、曹之升等则认为孟子为鲁人②，范文澜据以说孟子是"鲁国邹人"③，陆德明则说孟子为鄹邑人④。我们赞成司马迁和赵岐说，因为他们是汉代人，离孟子的时代不远，所说当为可信。从《孟子》一书中，也可找到大量的证据。孟子仅到鲁国两次，而且时间不长。但其居邹的记载却颇多，在邹的时间确实很长。所以，孟子是战国时邹国人是毫无疑义的。邹国是与鲁国邻近的一个小国，春秋时为邾国，在现今的山东邹城南，离孔子的家乡曲阜不远。所以，孟子说"近圣人之居若此其甚也"（《尽心下》），他家乡靠圣人的住所近得这样厉害。

关于孟子的生卒年，过去也有过好几种说法，但都属于推论。一般认为孟子大概生于周烈王四年（公元前372年），死于周赧王二十六年（公元前289年），终年八十四岁。元代的程复心，清代的万斯同、狄子奇、焦循、周广业⑤，以及《邹县志》的《孟子年表》均采此说。但是，怀疑者也不少。钱穆《先秦诸子系年》对此做了详尽的考证，认为孟子约生于公元前390年，死于公元前305年。⑥考诸《孟子》七章的人物和事迹，与钱说颇为吻合，当可信从。

孟子名轲，这从他回答北宫锜的话——"然而轲也尝闻其略也"

---

① 司马迁：《史记·孟子荀卿列传》，赵岐：《孟子题辞》。
② 谭贞默：《孟子编年略》，曹之升：《四书摭余说》。
③ 范文澜：《中国通史》第一册，人民出版社1949年版。
④ 陆德明：《经典释文·春秋序》，中华书局1983年版。
⑤ 见程复心《孟子年谱》、万斯同《群书辨疑·孟子生卒年月辨》、狄子奇《孟子编年》、焦循《孟子正义》、周广业《孟子四考》。
⑥ 钱穆：《先秦诸子系年》，商务印书馆2001年版。

（《万章下》）就可知道。古人很重视表字。孟子的字是什么，说法不一。《孔丛子·杂训》称"孟子车"。魏人王肃的《圣证论》说："学者不知孟轲字，按子思书及《孔丛子》所称孟子居即轲也。轲少居坎轲，故名轲，字子居也。"（《太平御览》卷三六三引）晋人傅玄之《傅子》说他字子舆。但司马迁的《史记·孟子荀卿列传》、班固的《汉书·艺文志》里都没有讲过孟子的字。第一个为《孟子》作注的东汉人赵岐的《孟子题辞》中说得很明确："孟子邹人也，名轲，字则未闻也。"三国魏人徐幹的《中论·序》也说孟子的字没有流传下来。所以，从宋朝的王应麟开始，人们就对所谓的"孟子字子车"说提出了怀疑。其理由正如清人焦循所说："王肃、傅玄生赵氏后，赵氏所不知，肃何由知之？《孔丛子》伪书，不足证也。"[①]此说有一定道理。因此，对所谓的孟子字应持谨慎的态度。

赵岐《孟子题辞》有"或曰：'孟子，鲁公族孟孙之后。'故孟子仕于齐，丧母而归葬于鲁也"说，后人因而多认定孟子是鲁国有名的贵族孟孙氏的后裔，如金代贞祐元年（1213 年）孙弼《邹公坟庙之碑》，清阎若璩《孟子生卒年月考》、焦循《孟子正义》均持此说。孟孙同叔孙、季孙均出身于鲁国公室，是鲁桓公的庶子，史称"三桓"。孟孙的嫡系称孟孙氏，其余支子就改称孟氏。先秦时期，姓、氏为二。依此，如按先秦的标准严格区分姓和氏的话，孟子当为姬姓、孟氏，也系周公旦的后代。孔子在世时就已发现，由于"陪臣执国命"，"故夫三桓之子孙微矣"（《论语·季氏》）。到战国中期，历近一个半世纪，孟孙氏罕见史书提及，这种衰微之势就更加明显了。可能正是由于这一原因，孟子的祖上就从鲁国迁到了邹国。但今人刘培桂认为，"孟子，鲁公族孟孙之后"说，实由圣贤皆出自名门望族这一陈腐观念所致。支撑这一说法的理由，一是孟子自齐葬于鲁，一是以孟为氏。春秋中晚期，邹国大

[①]　焦循：《孟子正义·孟子题辞疏》。

片土地被鲁国侵占，孟子先祖的墓地沦入鲁国的版图，这是孟子自齐葬于鲁的真正原因。以孟为氏，孟子之前，鲁国内外，非孟孙氏之族均有使用者，并非孟孙氏所专用。况且，春秋战国时通行以孟（或伯）、仲、叔、季的排行加在姓名前作称呼。故"自齐葬于鲁""以孟为氏"都不能证明孟子是鲁公族孟孙氏之后。孟子不尊周王室，不称文王、武王、周公、孟献子等为先祖，持有与鲁公族完全不同的丧葬观点与习俗，将这一些联系起来看，可以说明孟子与鲁公族孟孙氏没有血缘关系。孟子既然是邹人，就应首先在邹国寻找其先祖，首先推测其先祖是邹人。① 比较起来，刘说应该更有道理。

关于孟子的父母，可信的记载很少。《春秋演孔图》以及《阙里志》等书说其父名激字公宜、母亲姓仉（zhǎng），都是缺乏确据的说法。赵岐《孟子题辞》说孟子"夙丧其父"，《阙里志》《四书人物考》更说孟子三岁丧父，结果形成了孟子幼年丧父的传统说法。考诸《孟子》本文，此说实不可信。《梁惠王下》载鲁平公欲拜访孟子，结果为嬖人臧仓所阻。其理由之一是"孟子之后丧逾前丧"。父亲先死，办丧事只用三鼎；母亲后死，办丧事却用五鼎，而且棺椁衣衾特别精美。这种行为被认为是轻父重母，以致孟子被指责为不贤。从这一事迹来看，孟子绝非幼年丧父。如果是幼年丧父的话，到其母丧时，已有五六十年了，鲁人怎能对其葬父与葬母前后丰俭知道得如此清楚？更何况孟子尚幼，父葬的丰俭并非他所能决定，臧仓怎能以此作为诋毁他的借口？特别是下文其弟子乐正子的解释更能说明问题："何哉？君所谓逾者？前以士，后以大夫；前以三鼎，而后以五鼎与？""前以士"是指孟子葬父时以士礼三鼎葬之，"后以大夫"是指孟子葬母时以大夫五鼎之礼葬之。葬礼的丰俭是由孟子的身份，即为士还是为大夫决定的。故下文乐正子又解释说："非所谓逾也，贫富不同也。"由此看，孟子丧父时，他

---

① 刘培桂：《孟子大略》，泰山出版社 2007 年版，第 31－32 页。

早已是士的身份了,因为依《礼》制,"丧从死者,祭从生者"。所以孟子丧父绝非幼年,有人推测他"其时年盖四十余矣"①,很有道理。

尽管孟子并非幼年丧父,但在他的早年教育中,其父默默无闻。从后代流传的"孟母三迁""断机教子"等故事来看,对他教育有功的应是其母亲。相传,孟子出生在今曲阜马鞍山旁的凫村〔当地长期隶属邹县(今邹城),1949年以后划归曲阜〕。汉刘向《列女传·母仪传》记载,孟子小时候家离墓地很近,幼小的孟子天天在马鞍山旁的林墓坟茔之间闲游,做游戏就学着办丧事的人抬棺材、埋死人、放声悲号。孟母担心这样下去会对孩子产生不良影响,就把家搬到庙户营村。当时,这里是一处热闹的集镇,行商坐贾过往迎来,江湖骗子川流不息。孟子和孩子们玩耍时就常常模仿商贩叫卖东西。孟母发现这一环境也不够理想,就又一次搬家,迁到一处学宫之旁。这时孟子就跟一些读书人学习诗书、礼仪,"嬉游乃设俎豆揖让进退",孟母这才放了心,说"真可以居吾子矣",于是就定居下来。

孟子大些后,就在这所学宫读书,学习诗、书、礼、射、御诸门功课。孟子开始读书时,因贪玩,受不了老师的约束,就开始逃学。孟母发现后非常生气。有一次孟子逃学回家,孟母正在织布,她拿起刀来,当着孟子的面就把织布机上的经线全部割断了。孟子惊呆了,问母亲为什么要这样。孟母就教育他说:布是一丝一线织起来的,现在把线割断布就无法织成;求学读书也要点点滴滴地积累,才能获得渊博深厚的学问,你现在逃学就像我断机一样,是不会成为有用之材的。听了这话,孟子深受启发,以后就再不逃学了,一心发愤苦读。

孟母还非常注重身教。有一次,邻家杀猪。孟子问他母亲:"邻家杀猪干什么?"他母亲开玩笑说:"想给你吃。"话一出口她就觉得后悔,心想:"我怀这个儿子时,位置不正不坐,割的肉不当不吃,非常注

---

① 周广业:《孟子四考·孟子出处时地考》,见《续清经解》卷二百三十。

意胎教。现在他懂事了却又去骗他,是教他不讲信义。"于是就不顾家贫,到邻家买来猪肉给孟子吃,以教育他说话要守信用。(《韩诗外传》卷九)孟子幼年时甚得母教,这对他后来的一生影响至大。

关于孟子的师承,古今有三种不同的说法。司马迁《史记·孟子荀卿列传》认为孟子"受业于子思之门人"。但是刘向、班固、赵岐、应劭等人却说他"师事子思""受业于子思"。司马贞、王劭等更认为司马迁说孟子"受业于子思之门人"的"人"字为衍字。《孟子外书·性善辩》则说:"子思之子曰子上,轲尝学焉。"杨荣国也说:"(孟轲)曾跟子思的儿子子上学习,由于这个关系,他自夸是'得圣人之传'。"①这三种说法当以司马迁说最吻合《孟子》一书的原意,后两种都不足为据。

孟子说:"君子之泽五世而斩,小人之泽五世而斩,予未得为孔子徒也,予私淑诸人也。"(《离娄下》)"私淑诸人",意与"受业于子思之门人"合。这里的"人"正是指子思之徒。子思为一代大儒、孔子之孙,孟子如果直接受业于子思,这是一件非常荣耀的事,孟子决不会说"私淑诸人",而一定会明言。他既然说"私淑诸人",讳言其师名号,就说明其师并不是什么特别值得夸耀的有名人物。司马迁只说"子思之门人",也证明了这一点。《孟子外书》说孟子师子思之子子上,也与孟子说不合。赵岐《孟子题辞》认为"似非《孟子》本真,后世依放而托也",是很有道理的。

另外,说孟子为子思的学生,在时间上也是不可能的。孔子卒于公元前479年,孟子生于公元前390年,前后相距近90年。子思的父亲孔鲤字伯鱼,卒于公元前483年。孔鲤死时年五十,假定当时子思十岁左右,那么应该生于公元前493年,到孟子的生年公元前390年,子思已近百岁了,要当孟子的老师,子思至少要活到110多岁,这显然

---

① 杨荣国:《中国古代思想史》,人民出版社1954年版,第183页。

是不可能的。前人焦竑、毛奇龄、周广业、崔述对此都进行了详细的考辨①，结论大体都是可信的。总之，孟子从学于子思的门人，即是子思的再传弟子，说他是子思的弟子或子思儿子子上的弟子，都是错误的。

第三节　游说诸侯

经过少年时期的饱学和钻研，孟子已逐渐成为当时最有影响的儒家代表人物。孟子曾说，他最快乐的事之一，就是"得天下英才而教育之"（《尽心上》）。当时，"学而优则仕"，士人学习的目的是凭自己的知识和才能参与政治活动而实现自己的政治抱负，因此，游说诸侯的风气很盛。孟子在自己的学术思想形成之后，就开始"周游列国"，以学干诸侯。

孟子周游列国，首先到的哪儿呢？有学者认为是魏国②，这是错误的。《史记·孟子荀卿列传》说："驺忌，以鼓琴干威王，因及国政，封为成侯而受相印，先孟子。"《史记·儒林列传》也说："然齐、鲁之间，学者独不废也。于威、宣之际，孟子、荀卿之列，咸尊夫子之业而润色之，以学显于当世。"齐威王重用邹忌（也作驺忌），事在其当政九年（公元前348年）之后。因此孟子游齐，又当在这以后。从"威、宣之际"看，孟子也应是在齐威王年间来齐的。这时，他大约有四十多岁。据钱穆考证："则孟子当威王世，留齐至少亦得十八年。"③孟子赴齐，本想通过"一鸣惊人"的齐威王施展其"仁政"理想。但是，他不受齐

---

① 见《焦氏笔乘》（卷三）、《孟子四考·孟子出处时地考》、《四书剩言》、《群经补义》、《孟子事实录》（上卷）等书。

② 周广业《孟子四考·孟子出处时地考》云："《孟子》书先梁后齐，此篇章之次，非游历之次也……后儒不喜赵注，见展卷即云'孟子见梁惠王'，遂断为历聘之始。"今钟肇鹏《孟子思想述评》亦以游魏为孟子历聘之始，见《孔子研究》（增订版）中国社会科学出版社1990年版，第233页。

③ 钱穆：《先秦诸子系年》，商务印书馆2001年版，第366页。

威王重用，既"无官守"，又"无言责"。他通过齐大夫蚳蛙（也作蚳鼃）去劝谏齐威王，齐威王不采纳其意见，于是蚳蛙便辞官离去，孟子还因此遭到了齐人的讥讽。（《公孙丑下》）孟子与淳于髡等稷下先生也不和，在"礼"的问题上被驳难。（《离娄上》）匡章当时名声不好，为国人所非，"通国皆称不孝焉"。孟子却"与之游，又从而礼貌之"，并极力为其辩护，说"世俗所谓不孝者五……章子有一于是乎?"认为匡章只不过是"父子责善"而已。（《离娄下》）据《战国策·齐策一》记载，匡章后来为齐将，大胜秦国。国人与齐威王对匡章改变了看法，与孟子的辩护不无关系。

孟子在齐国的活动逐渐产生了影响，以致齐王"馈兼金一百"。但是孟子拒不接受，认为他在齐国没有什么官职，因而没有什么理由接受国君的馈赠，否则就等于是接受贿赂，而君子是不能用金钱收买的。可能正是这种态度，反而促使齐威王给了孟子客卿的待遇，这从孟子葬母之事可以反映出来：孟子在齐丧母，他将母亲葬回鲁国，其葬礼极其奢华，结果遭到了"后丧逾前丧"的指责。如果不是在齐为客卿的话，他怎能以大夫五鼎之礼办理母丧呢？

孟子自齐归鲁葬母，尽三年之丧后又回到了齐国。他见依靠齐威王不能实现其"仁政"主张，又听说宋王偃将要推行"王政"，所以就离开齐国而到了宋国。这大约是公元前323年之事。

孟子初至宋，对宋王偃还很有信心。他对宋臣戴不胜建议：宋王要实行仁政，必须多亲近"善士"，如果只有一个薛居州，怎么能使宋王为善呢？（《滕文公下》）他又对宋大夫戴盈之推行他的废"关市之征"、行"什一"之税的主张，戴不想马上实行。孟子就讲了一个寓言："现在有一个人每天偷邻居一只鸡，有人告诉他，这不是君子的行为。他就说：先减少一些，每月只偷一只，等到明年就不再偷了。"然后，孟子劝告说："如果知道这样做是不合理的，就应当尽快停止，为什么要等到明年呢？"（见《滕文公下》）但是宋王偃并不打算接受孟子的主张,所以孟子不愿在宋久留,打算"远行",宋王馈金七十镒作为路费,孟子接受了。因为他对宋已尽了力,受之无愧。

孟子在宋国时,滕定公世子(即后来的滕文公)到楚国去,路过宋国,特意去拜访孟子,孟子与之"道性善,言必称尧舜";世子返回时又来见孟子,孟子勉励他,"今滕,绝长补短,将五十里也,犹可以为善国"(《滕文公上》)。这时,孟子还与宋勾践论游说之道,认为士应当"穷则独善其身,达则兼善天下"(《尽心上》)。

孟子离宋,路经薛,薛君赠金五十镒。孟子接受了,以作路上戒备之用。(《公孙丑下》)孟子回到他的家乡邹国,正碰上邹与鲁发生冲突。邹死官吏三十三人,而百姓没有一个去营救他们的。邹穆公去请教孟子,说:"如果杀了这些人,杀不了那么多;但如果不杀,他们眼看着自己的官长被杀却不去营救,实在可恶。您说,怎么办才好呢?"孟子回答说:"当灾荒年岁,您的百姓,老弱者弃尸沟野,青壮者四散逃荒,将近千人;而您的粮仓丰满,财库充实,知情的官吏却不向您禀报,这是在上位的人对百姓的怠慢和残害。曾子曾经说过:'应该警惕啊!你怎么对待别人,别人就会怎么对待你。'现在,百姓有了报复的机会,你怎么能怪罪他们呢?只要你实行仁政,你的百姓就会亲近君上,为他们的官长效死。"(《梁惠王下》)

居邹这段时间,任国有人问屋庐子:"礼与食孰重?"屋庐子不能答,第二天到邹请教孟子,孟子认为不能笼统地肯定或否定,而要视具体情况而定,因为礼和食都有"轻者"和"重者"。曹君之弟曹交也慕名来向孟子请教是否"人皆可以为尧舜",孟子肯定其说,认为能否成为尧舜,决定于人的行为,而"尧舜之道,孝弟而已"。曹交请求受业为弟子,孟子谢绝了他。(《告子下》)滕定公刚好这时死去,滕文公继任,派其傅然友到邹国来问葬礼,孟子答之以"三年之丧"。由于滕国的父老官吏都不愿意,滕文公又派然友去问孟子。孟子认为"上有好者,下必有甚焉者矣。君子之德,风也;小人之德,草也。草尚之风,必

偃",事情取决于滕文公能否下决心。滕文公于是不顾反对,毅然实行"三年之丧",结果收到了很好的效果。(《滕文公上》)

公元前 322 年,鲁平公即位,用孟子弟子乐正子为政,孟子听说后,"喜而不寐",高兴得连觉也睡不着。(《告子下》)孟子以为有在鲁国实现其"仁政"的希望,马上就赶到了鲁国。尽管由于乐正子的推荐,鲁平公准备乘车去见他,但嬖人臧仓进谗言,说孟子"后丧逾前丧",葬其母比葬其父的礼还要隆重,不能算作贤者,鲁平公于是取消了这次会见。乐正子听说,极力为孟子辩护,但是没能说服鲁君。乐正子将这一过程告诉孟子,孟子感慨地说:"吾之不遇鲁侯,天也。"(《梁惠王下》)鲁君准备任命慎子为将军进攻齐国,孟子与慎子展开了辩论。孟子认为"不教民而用之,谓之殃民","君子之事君也,务引其君以当道,志于仁而已"(《告子下》),指责慎子不以正道引导君主,反而助君好战。

孟子在鲁国事事不顺心,失望之下只好又返回邹国。这时滕文公刚即位不久,非常尊崇孟子,便礼聘孟子至滕。孟子以为在滕这样的小国实行"仁政",再推而广之,也能达到目的,于是他就在公元前 322 年的十月之前到了滕国。孟子在滕,很受滕文公的敬重,他带一帮弟子馆于上官,滕文公多次向他垂问治国大计。他详细地阐明了他的"仁政"主张,其内容主要是正"经界""公田制禄"的井田制、什一之税等。针对滕国的实际,孟子着重分析了"小国事大国"之道。他认为,滕国面临齐、楚两大国的威胁,只要凿池筑城,"与民守之,效死而民弗去",就有可能保存住国家。国虽小,"苟为善,后世子孙必有王者矣"。当然,他也不反对暂时的退让,因为"君子不以其养人者害人"。如果"强为善",小国仍不能图存,"则天也"。(《梁惠王下》)

孟子在滕国时,农家许行从楚国来到滕国,还有陈相和陈辛两兄弟也背着耒耜从宋国赶到滕国来。许行主张君、民并耕而食,反对不劳而获,主张实物交易,物品在数量上、重量上相等,则价格相同。陈相兄弟很赞成许行的主张，"尽弃其学而学焉"。孟子与陈相进行辩论，用社会分工论、"物之不齐"说驳斥许行之说，主张"劳心者治人，劳力者治于人；治于人者食人，治人者食于人"（《滕文公上》）。孟子答公孙丑"不耕而食"之问（《尽心上》），也当是在这一时期。滕君之弟滕更学于孟子，挟贵而问，孟子不作回答。（《尽心上》）大约在公元前320年，孟子听说梁惠王"卑礼厚币以招贤者"（《史记·魏世家》），就离滕赴魏，来到了魏都大梁。

孟子到大梁时，"后车数十乘，从者数百人"，名声和地位已经相当高了。梁惠王此时正"东败于齐，长子死焉；西丧地于秦七百里；南辱于楚"，国势危急。因此，梁惠王一见到孟子，便迫不及待地问："叟！不远千里而来，亦将有以利吾国乎？"孟子在和梁惠王的多次对答中，阐述了他"先义后利""与民同乐""勿夺农时""谨庠序之教""为民父母""施仁政于民，省刑罚，薄税敛，深耕易耨"等一系列政见。梁惠王为之心折，表示"愿安承教"。（《梁惠王上》）可是，孟子至梁的第二年，梁惠王就死了，孟子的主张未能实行。梁惠王的儿子梁襄王于公元前318年即位，孟子前去谒见，与之论天下"定于一"。孟子出来后对人说："望之不似人君，就之而不见所畏焉。"（《梁惠王上》）梁襄王实在不像一个有为的君主的样子。孟子感到非常失望，不愿久留大梁。

孟子在梁，曾和白圭论战。白圭曾相魏，打算实行"二十而取一"的新税制，孟子认为不敷国用，必然影响国家的治理，名之为"貉道"。白圭善治水，孟子攻击他是"以邻国为壑"（《告子下》）。孟子又与纵横家景春论什么是"大丈夫"，景春以著名纵横家公孙衍、张仪为例，孟子讥之为妾妇之道，认为真正的大丈夫应该"居天下之广居，立天下之正位，行天下之大道；得志，与民由之；不得志，独行其道。富贵不能淫，贫贱不能移，威武不能屈"（《滕文公下》）。战国纵横家以苏秦、张仪并称，景春却不言苏秦，而以公孙衍代之，对此人们有所猜测。周广业《孟子出处时地考》以为"景春所以不曾说到苏秦的缘故，可能因为此时苏秦已死"。其实，张仪早于苏秦，张仪活动时苏秦尚未出名，与张仪的连横策略相对抗的五国合纵伐秦的代表人物是公孙衍。这在长沙马王堆帛书《战国纵横家书》中反映得很清楚，《孟子》一书的记载是可靠的。孟子还和魏人周霄讨论过"古之君仕乎"这一问题，孟子认为君子理应急于仕，但"仕"又得讲究原则，"恶不由其道"。（《滕文公下》）

公元前320年，齐威王卒。次年，齐宣王即位。齐宣王对学者的推崇超过了梁惠王。他在齐国的国都临淄设立了稷下学宫。邹衍、淳于髡、慎到、田骈、环渊等人齐集稷下，宣王赐以高第，赏以上大夫之禄，使之"不治而议论，是以齐稷下学士复盛，且数百千人"（《史记·田敬仲世家》）。孟子得知消息，便带领他的弟子，经由范、平陆而到齐。在平陆，孟子大约有短暂的停留，故有对平陆大夫孔距心的责难。孟子批评孔距心管理政事不善，以致在灾荒年间，百姓老弱死于沟壑、壮者流落四方者几达千人。孔距心自甘认罪，以致孟子对他有了好的看法。（《公孙丑下》）同时，孟子接受了齐相储子派人送来的礼物，但心里却对储子不亲自来平陆见他感到不满。（《告子下》）所以，到齐都临淄后，孟子也没有主动去拜访储子。由于孟子名望日隆，以致齐宣王对他产生一种神秘感，一到临淄，就派人去偷看孟子是否跟一般人长得一样。（《离娄下》）

孟子在齐国得到了从未有过的礼遇，齐宣王授予他"卿"之位，人们一般都认为其属于"公养之仕"的稷下先生之列，恐非事实。孟子初到齐，应是稷下先生中的一员，他被任命为卿之后，应该就不属稷下先生之列了。《公孙丑下》中明言："孟子为卿于齐，出吊于滕，王使盖大夫王驩为辅行。"其弟子公孙丑又说："齐卿之位，不为小矣。"（《公孙丑下》）其论敌淳于髡也说："夫子在三卿之中，名实未加于上下而去之，仁者固如此乎？"（《告子下》）由是可知，孟子之卿位并非无职守之官,其地位也非稷下先生的"上大夫"可比,但他担任此职时间不长,尚未建立政绩就离任了。所以他并非初见齐宣王就获得此高位,而是多次与齐宣王论政后才获得的。

齐宣王即位后雄心勃勃,一心追求霸业,故问孟子"齐桓、晋文之事",而孟子却对他大谈"仁政"主张。孟子一再宣称,齐国统一天下像翻转手掌一样容易,为什么呢? 因为"诸侯之宝三:土地、人民、政事"(《尽心下》),这三件宝,齐国已具备了两个:齐国"土地"之大,已不能再开辟了;其"人民"之众,也不能再增多了。只要在"政事"上"行仁政而王",则"莫之能御也"(《公孙丑上》)。而要施行仁政,齐王就必须成为贤明的君主,具备作为"王者"的品格。孟子在齐国的言论,始终是围绕"仁政"展开的。比如他与齐宣王论"贵戚之卿"和"异姓之卿"(《万章下》),论君臣关系(《离娄下》),论"汤放桀,武王伐纣"(《梁惠王下》),论是否"毁明堂",论尚贤,论"与民同乐",论"文王之囿",论"交邻国有道乎";与庄暴论齐宣王好乐(《梁惠王下》),与王子垫论"尚志"(《尽心上》);与其弟子公孙丑论"当路于齐,管仲、晏子之功可复许乎?"论"四十不动心",养"浩然之气"(《公孙丑上》),论齐宣王短丧(《尽心上》)等等。这些议论,从"土地"方面,他提出"制民之产""恒产恒心""不征不税"的繁荣经济、以尽地利的政策;从"人民"方面,他一再强调"保民而王"、"乐民之乐,忧民之忧"、"为民父母"、赈灾济民、抚养孤寡、解民"倒悬"、救民"水火";从"政事"方面,他严厉地批评王公大臣,斥之为"污君""不肖者",并且声言对无德之君可以"易位",最终弄得齐宣王或"勃然变色",或无言对答,只好"顾左右而言他"(《梁惠王下》)。

这期间,孟子曾以齐卿的身份出使滕国吊唁滕文公,王驩为副使,但孟子"未尝与之言行事",这大约是公元前 317 年之事。而后,他又与诸君子吊齐大夫公行子之丧,又一次不与王驩言。其学生乐正子跟着王驩到齐国来,竟受到了孟子的严厉指责。(《离娄上》)

公元前316年，燕国发生了著名的禅让事件，燕王哙将王位让给其相子之，引起了燕国的内乱。齐宣王派匡章为将伐燕，孟子却不赞成，他认为这是以暴伐暴。(《公孙丑下》)齐军攻下燕国后，齐宣王想吞并它，征求孟子的意见，孟子答曰："取之而燕民悦，则取之。"孟子认为这要视燕国老百姓的态度而定。取燕后，面对诸侯干涉的危机，齐宣王又问计于孟子，孟子劝他速从燕国撤兵(《梁惠王下》)，齐宣王拒不接受，结果君臣之间的矛盾越来越深。齐宣王为了缓和矛盾，准备召见孟子，孟子则以为齐宣王态度不够诚恳，所以称病不朝。第二天，孟子却又去吊唁东郭氏。齐王派人来问病，并派来了医生。孟仲子派人到半路上阻拦孟子，劝他去朝齐王，他却躲到景丑家留宿，避而不见。景丑责其"未见所以敬王也"，孟子却答以"将大有为之君，必有所不召之臣"，认为不能以爵尊而轻慢齿尊和德尊。(《公孙丑下》)

公元前312年，燕人叛齐，迫使齐国不得不从燕国退兵，齐宣王吞并燕国的计划彻底失败，为此，他自觉"甚惭于孟子"。齐臣陈贾在孟子前替齐王辩护，遭到了孟子的指责。(《公孙丑下》)自此，孟子就要辞去卿位，离齐还乡。齐宣王主动去见孟子，表示挽留，并打算在临淄城中给孟子一幢房舍，予以万钟的厚禄。孟子却不接受。淳于髡讽刺孟子，说他虽然位列三卿之中，"名实未加于上下而去之"，算不得"仁者"。(《告子下》)陈臻问他古之君子要怎样才出来做官，孟子答之以"所就三，所去三"，借此解释了他离开齐国的原因。(《告子下》)齐国发生了饥荒，陈臻又问他是否建议齐宣王打开棠邑的粮仓来救济饥民，孟子认为他已不在位，就不能再做"冯妇"了。(《尽心下》)在回邹国的途中，孟子宿在齐国的西南边邑昼。有人想替齐宣王挽留孟子，他却不应不听，"隐几而卧"，但最后还是忍不住向这人解释了他不能留齐的原因。(《公孙丑下》)孟子在昼地一连住了三个晚上，希望齐宣王改变态度，亲自来昼挽留他。然而齐宣王并没有如此做，他才在无望中"有归志"，终于离开了齐国。(《公孙丑下》)在离开齐国的一路上,孟子色有不豫,答充虞问时又以"五百年必有王者兴""如欲平治天下,当今之世,舍我其谁也"(《公孙丑下》)勉励自己。

孟子归邹之后,又到宋国活动,当时正值"秦楚构兵"(公元前312年),宋轻将到楚国去游说楚王以罢两国之兵,与孟子相遇于石丘。孟子肯定了宋轻的志向,但认为其方法欠妥,"怀利以相接"不如"怀仁义以相接"(《告子下》)。

第四节　著书立说

公元前312年,孟子由宋归邹。他游说诸侯,遍历齐、魏、宋、滕诸国,奔波了三十五年而始终实现不了自己的"仁政"理想,自知政治上再也没有什么前途了,就只好归隐故乡,不再出游,一边从事教学,一边同他的弟子万章、公孙丑等人一起著《孟子》一书,记叙他一生的行事,阐述其思想学说。

孟子答公孙丑"不见诸侯何义"(《滕文公下》)、与万章论"士不托于诸侯何也"(《万章下》)、与陈代论"枉己者未能直人者也"(《滕文公下》)等章,当是孟子最后归邹期间与弟子们的问答。

关于《孟子》一书,向来有种种异说。

关于《孟子》作者问题,历来众说纷纭。司马迁说:"孟子退而与万章之徒序《诗》《书》,述仲尼之意,作《孟子》七篇。"(《史记·孟子荀卿列传》)这是说《孟子》七篇是孟子与其弟子万章等人共同记述,而主要作者则是孟子本人,而且在孟子生前就已基本完成。魏源对此很有体会,他在《孟子年表考》中说:"又公都子、屋庐子、乐正子、徐子皆不书名,而万章、公孙丑独名,《史记》谓退而与万章之徒作七篇者,其为二人亲承口授而笔之书甚明(咸邱蒙、浩生不害、陈臻等偶见,或亦得预记述之列)。"这是师生合著说。

东汉的赵岐则认为《孟子》完全是孟子本人自著。他说:"此书,孟子之所作也,故总谓之《孟子》。"(《孟子题辞》)朱熹支持此说,《朱子大全》中记载:"《论语》多门弟子所集,故言语时有长长短短不类处。《孟子》疑自著之书,故首尾文字一体,无些子瑕疵。不是自下手,安得如此好?"又说:"观七篇笔势如熔铸而成,非缀缉可就。"这是孟子自著说。

唐代的韩愈、张籍,宋代的苏辙、晁公武则认为《孟子》是孟子死后由他的门弟子万章、公孙丑之徒共同记述的。晁公武在其《郡斋读书志》中说:"按此书韩愈以为弟子所会集,非轲自作。今考其书,则知愈之言非妄也。书载孟子所见诸侯皆称谥,如齐宣王、梁惠王、梁襄王、滕定公、滕文公、鲁平公是也。夫死然后有谥。轲著书时,所见诸侯不应皆死。且惠王元年至平公之卒凡七十七年,孟子见梁惠王,王目之曰叟,必已老矣,决不见平公之卒也。"清人崔述、周广业也支持韩、晁说,并举出了一些新的证据。这是弟子编定说。

这些说法中,最可靠的是司马迁的师生合著说。司马迁是西汉人,世为史官,与孟子生活的时代比较接近,接触的史料也多,对于他的记载,如果没有确切的根据,是不能随意否定的。所谓"诸侯称谥"一条,清人阎若璩有所解释:"卒后书为门人所叙定,故诸侯王皆加谥焉。"其实还有一宋王没有加谥,那就是宋王偃,由于是亡国之君,死后没有谥号。所以,司马迁说是驳不倒的。

另外,《孟子》还有内、外书之说。《汉书·艺文志》儒家有"《孟子》十一篇",应劭《风俗通·穷通篇》也说孟子"作书中外十一篇"。赵岐的《孟子章句》将这十一篇分为内篇七、外书四,认为内七篇是真、外四篇为伪,其《孟子题辞》说:"又有《外书》四篇,《性善辨》《文说》《孝经》《为政》,其文不能宏深,不与内篇相似,似非《孟子》本真,后世依放而托也。"所以他只给内七篇作注,外四篇以后就逐渐亡佚了。南宋孙奕的《示儿篇》说:"昔尝闻前辈有云,亲见馆阁中有《孟子外书》四篇。"刘昌诗《芦浦笔记》也说:"予乡新喻谢氏多藏古书,有《性善辨》一帙。"但史绳祖、王应麟都说其时"《外书》今不传"。至于今传的《孟子外书》四篇，人们普遍认为其为明末人姚士粦所伪撰。我们认为，今传《外书》四篇固然不可尽信，但从《汉书·艺文志》中可知，《外书》四篇是存在的，只是后代已佚。赵岐轻易判定其为赝品，有欠慎重。从周广业所辑《孟子逸文考》中可知，孟子尚有许多遗言非《孟子》七篇所能囊括，它们有些肯定是出自《外书》四篇。掌握这些材料，对研究孟子思想也是很有用处的。

第二章　人之性善

口之于味也,目之于色也,耳之于声也,鼻之于臭也,四肢之于安佚也,性也,有命焉,君子不谓性也。仁之于父子也,义之于君臣也,礼之于宾主也,知之于贤者也,圣人之于天道也,命也,有性焉,君子不谓命也。

——《尽心下》

人性是什么？这是思想史上一个难解的斯芬克斯之谜。孟子是中国第一个系统地论述人性善的哲人,他的性善论、人性观,不但是其"仁政"学说和伦理思想的逻辑起点和理论依据,是其哲学思想的核心内容;而且对后世也具有相当大的影响。因此,我们探讨孟子的思想智慧,不能不首先从孟子的人性论开始。

第一节　孔子论人性

孟子自许为孔子之徒,他说:"乃所愿,则学孔子也。"(《公孙丑上》)因此,探究孟子的人性论,要先从孔子说起。

人性问题是一个最为具体而又最为抽象、最为普通而又最不易解决的问题。即便是在孔子生时,其七十二高足中以言语见称的子贡,也曾发出"夫子之言性与天道,不可得而闻也"(《论语·公冶长》)的感叹。在整部《论语》中,孔子言性的,仅仅一条:"性相近也,习相远也。"(《论语·阳货》)"性相近"有两层意思。第一,从人之性对犬之性、牛之性来看,人与人为同类,所以说人性"相近"。"相近"表明人有共性。第二,从人类自身来看,人与人虽属同类,但智愚、壮羸各有不同。所以应当说"相近",不应当说相同。这表明人又各有其个性。总之,二者都是指人的自然性而言。"习"则不然。"习"指后天的道德品质、习俗,指的是人的社会性。"习相远"是说人由于受社会的影响,因而有善有恶,差别非常之大。由此可见,人的自然性只能说"相近",不能用善恶来表达。善恶是事之两极的价值判断,用以表述"习相远"则可,用以表述"性相近"则不可。或者说用以表述人之社会性则可,用以表述人的自然性则不可。①

从现有文献看,孔子是最早对人性进行深入思考的思想家,尽管他没有直接告诉我们人性的具体内容是什么,但是他肯定了普遍人性的存在,并且含蓄地肯定了这种普遍的人性虽然不是后天的道德习俗,但是和它有着内在的联系。如果说孔子所谓"习"相当于荀子所谓"伪",那么,孔子所谓"性"也同于荀子所谓"性",它是"不事而自然"的,是"天之就也",指的是人的自然属性。告子、孟子所谓"性"也是如此。所以,先秦诸子都是就"生"以论"性",都是持"生之谓性"观的。他们的分歧只是在"生性"的内容上。有的认为,人的生性是善的,如孟子;有的认为,人的生性是恶的,如荀子;②有的认为人的生性无所谓善或恶,如告子;有的认为人的生性有的善、有的恶,如世硕、宓子贱、漆雕开、公孙尼子。因此,先秦诸子所谓人性,与我们今天所谓人性,其概念并不尽同。依我们今天的共识,"人性是人的自然本性和社会性的统一",或者说,"是指人的生理属性和社会属性的综合"。"人性论就是关于人的本性、本质是什么的学问。"③而先秦诸子所讨

---

① 金景芳:《孔子的天道观与人性论》,《百科知识》1990 年第 12 期。

② 孟子并不认为人性皆为善,详见下文。荀子也并不认为人性皆为恶,详见廖名春:《荀子人性论的再认识》,《吉林大学社会科学学报》1992 年第 6 期;又见廖名春:《荀子新探》第三章,台湾文津出版社 1994 年版。

③ 容肇祖语,见《中国历史上的人性论·序》,中国社会科学出版社 1989 年版。

论的人性,则是指人的生性和本能。那些谈到了人的本质、人的社会属性的人,如孟子、荀子,也是从人的生性上来阐发的。他们谈人的生性是否正确是一回事,他们谈人的本质是否正确又是一回事。我们评价他们人性论的是非,不能转移论题,以我们今天的内容去衡量古人。应该将人的生性问题和人的本质问题分别进行评价。而孔子的寥寥数语,区分了"性"与"习",避免将两者混为一谈,应该说蕴含着相当的深意。

有人说"孔子的'性相近'命题基本上是性善论","孔子说'人之生也直。'(《雍也》)'直'在甲骨文中就是'德'字。所以孔子又说:'天生德于予。'(《述而》)不仅孔子的德性是由天道所赋予的,而且每个人的德性都由天道所规定,所以人们'性相近',是任何外力也改变不了的"①,这种说法是有待商榷的。

从《论语》看,说"性相近"命题基本上是性善论,毫无根据。《论语·雍也》的原文是:"子曰:'人之生也直,罔之生也幸而免。"郑玄注云:"言人初生之性皆正直,诬罔其生善之性,必有刑戮及之,幸而后免。"②按郑注增字为训,迂曲难通,实不可从。还是马融注得孔子本意:"言人所以生于世而自终者,以其正直也。诬罔正直之道而亦生者,是幸而免。"③马注释"生"为"生存"之"生",文从字顺,为众所公认。所以,从"人之生也直"是得不出性善之说的。至于《论语·述而》篇的"天生德于予"之说,《史记·孔子世家》中有详细的记载:"孔子去曹适宋,与弟子习礼大树下。宋司马桓魋欲杀孔子,拔其树。孔子去,弟子曰:'可以速矣!'孔子曰:'天生德于予,桓魋其如予何!'"这是孔子临危不惧,借天命以抗人事,说明自己命不该绝,不用害怕桓

---

① 孙以楷:《先秦儒家人性学说的逻辑发展》,《哲学研究》1988 年第 6 期。此外,朱伯崑、钟肇鹏等都认为孔子"倾向性善论",其论据略同。此说见朱著《先秦伦理学概论》第 44 页,北京大学出版社 1984 年版;钟著《孔子研究》,中国社会科学出版社 1983 年版。

② 王素:《唐写本论语郑氏注及其研究》,文物出版社 1991 年版,第 61 页。

③ 见刘宝楠《论语正义》引,《诸子集成》本,第 125 页。

魋的威胁。表面上是说天如何如何，实质是通过估计客观形势而得出的结论。因此，视此戏语为其哲学认识，是不妥当的。事实上，孔子从不承认自己有天赋的过人之能，他说："我非生而知之者，好古，敏以求之者也。"（《论语·述而》）又如："太宰问于子贡曰：'夫子圣者与？何其多能也？'子贡曰：'固天纵之将圣，又多能也。'子闻之，曰：'太宰知我乎？吾少也贱，故多能鄙事。君子多乎哉？不多也。'"（《论语·子罕》）孔子否认自己有天赋之知，认为自己的知识是勤奋学来的。太宰看到孔子这样多才多艺，认为他大概是圣人，去问子贡，子贡说这是上天让孔子成为圣人，所以才如此。孔子听到以后就说："太宰怎么会了解我呢？我少年出身微贱，所以才学会许多卑贱的技艺。"孔子的回答，说明自己的"多能"是学来的，这不仅否定了太宰认为他是"圣者"，而且有力地驳斥了子贡对"天纵"的吹捧。由此可见，将孔子的"性相近"说赋以性善的内涵，是不符合孔子的原意的。

"夫子之言性与天道，不可得而闻也"，原因何在？这恐怕与孔子对"性与天道"的态度有关。《论语·述而》云："子不语怪、力、乱、神。"对"怪、力、乱、神"，孔子之所以"不语"，原因就在他对"怪、力、乱、神"不感兴趣。这从下面两条记载中可以得到印证："樊迟问知，子曰：'务民之义，敬鬼神而远之，可谓知矣。'"（《论语·雍也》）"季路问事鬼神。子曰：'未能事人，焉能事鬼。'曰：'敢问死？'曰：'未知生，焉知死。'"（《论语·先进》）孔子注意的是人事，是现实，提倡的是"务民之义"，至于死后是否有知，就不愿再去追究了。所以，他对鬼神之事"敬而远之"。孔子主张维护礼制，提倡仁义，反对僭越权位、以力凌人，所以对"力、乱"采取蔑视的态度。"天道"是形而上的东西，侈言"天道"，容易堕入"神怪"之泥坑，所以孔子也罕言。由此可推知，孔子对人的生性也是不重视的。

孔子重"学知"而轻"生知"，主张"博学"，屡言"学诗""学礼""学乐""学《易》"，强调"克己复礼为仁"（《论语·颜渊》）、"修己"、修德，却很少谈论人性。原因何在？可能的答案只有一个：孔子认为一个人是否能达到"仁"的境界，起决定作用的是一个人后天的行为，而不是先天的性。人的生性相近，能否实现"仁"，它只是必要条件，而非充分条件。所以，作为一个伦理思想家、政治家，孔子的注意目光必然会投射到后天的人为而不是先天的人性上。

第二节　告子论人性

孟子开始谈论人性问题，是由与告子驳难引发的。在已知的文献中，告子是最早给"人性"概念下定义的思想家。他的人性论思想引起了孟子深入的思考。因此，要探究孟子的人性论，也要初步了解告子的人性思想。告子人性思想的内容，归纳起来，大致有三：

第一，"生之谓性"（《告子上》）。这就是说，性是生来就有的，指的是人天然生就的各种素质。

第二，"食色，性也"（《告子上》）。这是对人性具体含义的阐释。也就是说，人对饮食的需要和男女情欲，都是属于人性的内容。

由此，告子又得出了他的第三点认识："性无善无不善。"（《告子上》）为什么呢？因为"善"或"不善"是后天的人为，属于道德意识，是人的社会属性；而"性"则是指先天的本能，是人的自然属性。先天的本能与后天的人为是两个不同的范畴，因此，人的生性就不存在善还是恶的问题。

为了证成这一观点，他借助比喻，进行了一系列论证："性，犹湍水也，决诸东方则东流，决诸西方则西流。人性无分于善不善也，犹水之无分于东西也。"（《告子上》）这就是说，水本身并不具有向东流或向西流的属性，它的流向是由"决"的方向和外在环境造成的。人性也是这样，先天无所谓善或恶；所谓善或恶，是由后天的人为不同造成的。"性犹杞柳也，义犹桮棬也；以人性为仁义，犹以杞柳为桮棬。"（《告子上》）这是说,杯盘虽然是用杞柳树制成的,但杯盘并不等于杞柳树,杞柳是自然之物,杯盘则是人为之物。人性与仁义的关系也是如此,它们虽然有相互联系的一面,但它们毕竟是两回事,有"先天"与"后天"的区别。①

告子的人性思想是就生以论性,讨论的是人的生性、人的自然属性。他认为,人的自然属性并不等于人的社会属性,人的自然属性并不能决定人的社会属性。这一认识是非常深刻的。决定水向东流还是向西流的,并不是水性本身,而是人为的"决";同理,人的善、恶也不是由人的生性决定的。这就是说,在告子看来,决定人的道德品质的并不是人的自然性。因此,将告子所谓"人性"认定为人的本质属性,是违反告子本意的。有人说"'生之谓性'就是以生理性能和欲望为人性的本质"②。而事实上,从告子的上述话里,我们是得不出这个结论的。所以,在告子没有将人的自然性视为人的本质属性的情况下,否定告子对人的自然属性的探讨,是完全错误的。

既然告子所谓"性"并不是指人的本质属性,那么,批评告子"食色,性也"定义的逻辑就出现了问题。"食色,性也"是说饮食之需、男女之欲是人的一种自然属性,并没有说它们就是人的全部自然属性,更没有说它们就是人的本质属性;因此,指责它没有全面地概括人性的所有内涵,或者批评它将生物的共性等同于人性,就等于是无的放矢。如果告子说"性,食色也",在告子没有说"性"是别的什么的情况下,我们可以将"食色"理解成告子所谓"性"的全部内涵。这样,我们就可以批评告子至少将人的自然属性的内容理解得太狭窄了。因为现代科学表明,除了人的食欲、性欲这些生理现象被称作"无条件反射",属于人的本能之外,至少还有防御可以列入。此外,人的自然属

---

① "以杞柳为桮棬"句,杨伯峻《论语译注》译为:"用杞柳树来制成杯盘。"其说不确。告子认为人性不等于仁义,就好比杞柳(即杞柳)树不等于桮棬一样;人性与仁义是两回事,杞柳树与桮棬也不能视为一体。所以这里的"以……为……"犹如"把……看作……",表示意动。

② 朱伯崑:《先秦伦理学概论》,北京大学出版社1984年版,第66页。

性和动物相比,也并不完全相同,实在要优越得多。人之所以成为人,除了社会属性之外,自然属性也有着非常重要的影响。现代人类学的发展,已经很清楚地表明了这一点。但是,告子并没有这样说,他只是肯定了"食色"是人的自然属性的一种,这又有什么值得否定的呢?

至于告子说"性无善恶",只要我们懂得"生之谓性"的前提,就不能不佩服其眼光的犀利,无论是持性善论的孟子,还是持性恶论的荀子,在这一点上都有逊色之处。

由上可见,从孟子以来,人们对告子人性论思想的种种批评,都是在将其"生之谓性"的"性"理解成"人的本质属性"之"性"的前提下进行的,这就是所谓"差之毫厘,谬以千里"。

如果说告子的人性思想有什么不足之处的话,就是他没有直接讨论人的本质属性。而孟子在批评他的"生之谓性""性无善不善"等正确的命题时,歪打正着,提出并探讨了一个更为重要,也更为艰深的人性问题。

第三节 孟子人性概念的剖析

什么叫作人性?"性"指的是什么?孟子与告子的观点有一致的地方,也有不一致的地方。在承认"性"是指人的生性这一点上,孟子同于告子。但是如何评价这种生性,孟子却和告子有不同的看法。

孟子的人性概念实际含有两种不同的意义。他说:"口之于味也,目之于色也,耳之于声也,鼻之于臭也,四肢之于安佚也,性也,有命焉,君子不谓性也。仁之于父子也,义之于君臣也,礼之于宾主也,知之于贤者也,圣人之于天道也,命也,有性焉,君子不谓命也。"(《尽心下》)庞朴通过对长沙马王堆汉墓出土的《帛书五行篇》的研究,提出

"圣人之于天道也"应为"圣之于天道也"①。其说既有内证,又有外证,可从。② 孟子肯定"口之于味也,目之于色也,耳之于声也,鼻之于臭也,四肢之于安佚也"是"性"。这种"性"是什么呢? 就是告子所谓"食色"之"性","生之谓性"之"性"。这就是说,孟子也承认人的自然属性是人性。但是,孟子又认为这种食色之性是天然生成的,不但人具有,动物也具有。因此,它不足以区分人与动物,不是人类所具有的特殊属性,不能反映人的本质属性,所以,"君子不谓性也"。由此可知,在孟子看来,君子所谓之"性"有它的特殊意义,这就是指人的特性、人的本质。

这样,孟子所谓"性"也就具有了双层意义:一是食色之性,指人的自然属性,这是当时的通说;二是指仁义等道德观念,是人类所具有的本质属性,这是君子所谓性,是孟子所赋予"人性"的新义。

对于这两种"性",孟子认为它们有不同的来源,是不同的身体器官的产物。他说:"君子所性,仁义礼智根于心。"(《尽心上》)君子称为"性"的,反映了人的本质属性的仁、义、礼、智,他认为是根植于心,是心这种思维器官的产物。他认为"从其大体为大人",顺从心这种"大体"之性,就是君子。而告子所谓之"性",他认为是耳、目、鼻、口、四肢的产物,虽然人皆有之,但不足贵,"从其小体为小人",顺从这种"小体"之性,只能成为小人,不能真正地体现出人的特质。

这样,我们就会发现孟子与告子的人性之争是一件有趣的事情:告子认为是人性的,孟子认为其虽然是人们所说的性,但不是"君子所性",不是能够真正反映人的本质属性的人性;而孟子所认为是真正人性的,告子却说"生之谓性",这些东西是后天的人为,不是人类生而具

---

① 庞朴:《马王堆帛书解开了思孟五行说之谜——帛书〈老子〉甲本卷后古佚书之一的初步研究》,《文物》1977 年第 10 期。

② 按:其实清人段玉裁早就提出"经文之剩'人',当作'圣之于天道也'",见氏著《孟子圣之于天道也说》,《经韵楼集》,上海古籍出版社 2008 年版,第 81－82 页。

有的自然属性。

孟子承认"君子所性"者是"命也",是天赋予人的,可见他也是从人的自然性这一角度来谈人性的,但是他把非自然属性的东西当成了人的自然属性,把人的自然属性这一论题转换成了人的本质属性。

孟子第一次把人性讨论的重心由人的自然属性转换到人的社会属性上,把人们的注意力由人类与动物的共性引领到了人类的个性上,从而开始了对人的本质的认识和探讨。这一转换从思想史的角度而言,具有划时代的意义。

孟子为什么要转换人性概念的内涵,将关于人的自然属性的讨论变成关于人的本质属性的探讨呢?其原因就是要为他的仁义学说从人的先天自然结构上找到内在依据,利用人的心理感情论证其仁义学说的天然合理性。

第四节　性善的论证

"孟子道性善"(《滕文公上》),性善论不但是孟子人性学说的核心,而且在孟子的整个思想中也占有极其重要的地位。

告子以水为喻,说明人性没有先验的善与不善的区分。孟子也用水性来比喻人性,反驳告子之论,他说:"水信无分于东西,无分于上下乎?人性之善也,犹水之就下也。人无有不善,水无有不下。今夫水,搏而跃之,可使过颡;激而行之,可使在山。是岂水之性哉?其势则然也。人之可使为不善,其性亦犹是也。"(《告子上》)孟子承认告子的水性不分东西之说,但是他反驳道:水性难道不分上下吗?他认为人性向善,就好像水性向下。人没有不向善的,水没有不向下流的。用手击水,它跳跃起来,可以高过人的额头;拦挡可使它流向高山。这难道是水的本性吗?是所面临的形势使它这样的。人,可使他干坏事,本性的改变也是如此。孟子的这一论述,以水无有不下来证明人无有

不善，从逻辑上说，犯了以真证假的错误。水无有不下是真的，因为
"水往低处流"；而人无有不善则是假的，因为实际上并非所有人都是
善的，人是有善、恶之分的。善相对于恶而言，无恶哪来的善！因此，
他以人无有不善否定善性是后天养成的，犯了虚假前提的错误。"今
夫水，搏而跃之，可以过颡；激而行之，可使在山。是岂水之性哉？其
势则然也。人之可使为不善，其性亦犹是也。"这一论证恰好说明形势
可以改变水性和人性。恶和善是对立统一范畴，既然承认本性变恶是
势所使然，而又以为善是天生的不依赖环境而先验地存在，这在逻辑
上是自相矛盾的。

　　为了证明人性为善，孟子又运用经验事实进行论证。他说："人皆
有不忍人之心。……所以谓人皆有不忍人之心者，今人乍见孺子将入
于井，皆有怵惕恻隐之心——非所以内交于孺子之父母也，非所以要
誉于乡党朋友也，非恶其声而然也。由是观之，无恻隐之心，非人也；
无羞恶之心，非人也；无辞让之心，非人也；无是非之心，非人也。恻隐
之心，仁之端也；羞恶之心，义之端也；辞让之心，礼之端也；是非之心，
智之端也。人之有是四端也，犹其有四体也。……凡有四端于我者，
知皆扩而充之矣，若火之始然，泉之始达。苟能充之，足以保四海；苟
不充之，不足以事父母。"（《公孙丑上》）孟子认为人人都有怜恤别人
的心情，即所谓"不忍人之心"。这种"不忍人之心"不仅是先验的，而
且也是超功利的。例如，当一个人看见小孩即将落入水井，出于一种
"怵惕恻隐之心"，他会立刻去挽救这小孩的生命。在这一瞬间，他去
救孩子不是因为和这小孩的父母有交情，也不是为了沽名钓誉于乡党
朋友之间，更不是厌恶那小孩的哭声，而是出于一种天然的、纯粹的
"不忍人之心"，即对别人痛苦、危难的同情心。孟子所说的这种不计
功利的"不忍人之心"，实质上是一种天生就具有的"善端"。这种"善
端"除了表现在"不忍人之心"即"恻隐之心"上之外，还体现于"羞恶
之心""恭敬之心"即"辞让之心""是非之心"上。当然，以"恻隐之

心"最为根本。孟子认为,这"四心"是区分人与非人的标准。没有
"恻隐之心""羞恶之心""辞让之心""是非之心"的人,是不能称之为
人的。因为"恻隐之心"是仁的萌芽,"羞恶之心"是义的萌芽,"辞让
之心"是礼的萌芽,"是非之心"是智的萌芽,没有"四心"就是没有"四
端",也就是连道德的萌芽都没有。人如果没有了道德,与禽兽就没有
了区别。孟子曾经说过:"人之所以异于禽兽者几希。"(《离娄下》)就
是说,人与禽兽的差别非常珍贵、非常重要!这就是人有道德而禽兽
没有道德。所以,人有仁、义、礼、智这四种"善端",就好像人有四肢一
样。人的四肢是人生而具有的,是人的自然之物。那么,在孟子看来,
"四心""四端"也是生而具有的,这是关于人性产生的天赋性善论。
但是,孟子的论证还有较为谨慎的一面,孟子所谓天赋的"四心""四
端"还仅仅只是完善的人性、道德的良好发端,它们仅仅只是一种"善
端",即善的萌芽。人性和道德的完善,还有待于后天的学习和努力、
扩充和培养。孟子认为,能够扩充这"四端",就能为君主保有四海;不
加扩充,就会使"善端"失掉,连父母也保护不了。所以,尽管孟子的性
善论是一种天赋人性论,但他还是十分强调人的主体能动作用和后天
客观环境的影响。这也为他解释人的"不善",即恶的产生和存在,留
下了余地。[1]

　　孟子所论述的这种"善端"——"不忍人之心""恻隐之心"是人的
类意识,是人的社会性的表现形式之一。孟子认为这是人与禽兽相区
别的特性,这是很有意义的,在人性的研究史上,这不能不说是一个重
大的发现。但是,孟子认为这种类意识、社会性,完全是自然之物,就
像人的四肢一样,则是错误的。人的类意识作为人的一种社会属性,
是社会历史的产物,是人类在长期的劳动和社会生活中形成的。恩格
斯曾指出,人在动物中,是最有社会性的,并且说:"劳动的发展必然促

----

[1]　刘鄂培:《孟子选讲》,北京古籍出版社 1990 年版,第 75－76 页。

使社会成员更紧密地结合起来,因为它使互相帮助和共同协作的场合增多了。并且使每个人都清楚地意识到这种共同协作的好处。"(《劳动在从猿到人转变过程中的作用》)人类的劳动使人与人之间必然要共同协作、互相帮助,这种社会化的生活实践,必然促使人们产生互相同情、爱护的社会心理,这就是人的类意识。人的类意识既然是在人的生活实践中产生的,是人的社会属性的表现,又怎能说是天赋的呢?可见,以"不忍人之心"即"恻隐之心"来论证天赋性善论,其理由是不能成立的。至于说"是非之心""羞恶之心""辞让之心"是人生而具有的,其错误就更加明显了。刚出生的婴儿,怎能懂得"是非""辞让""羞恶"呢?这是其一。其二,由于时代不同、地区或民族不同,人们往往有不尽相同的"是非""羞恶""辞让"观。原因何在呢?就是因为"是非""羞恶""辞让"观是由人的社会存在决定的,不同的社会存在产生出不同的"是非""羞恶""辞让"观。

为了进一步论证人具有先天的善性,孟子又提出了"良知""良能"说,举出了"孩提之童"敬爱其亲长的事实。他说:"人之所不学而能者,其良能也。所不虑而知者,其良知也。孩提之童,无不知爱其亲也。及其长也,无不知敬其兄也。亲亲,仁也;敬长,义也。"(《尽心上》)人的不需经过后天学习、思虑的天赋本能,孟子称之为"良知""良能"。这种"良知""良能"按照朱熹的理解是一种"本然之善",即先天的善性。孟子以"两三岁的小孩没有不爱他父母的;等到他长大,没有不知道尊敬兄长的"这一生活中的经验来证明"亲亲""敬长"这些善性是"不学而能""不虑而知"的"良知""良能"。这一性善论的论证同样是有问题的。这是因为,小孩爱父母、敬兄长也不是生而具有的,而是小孩从小就受到父母、兄长的抚爱和教育的结果,是受到后天环境影响的缘故。

在《告子上》中,孟子又运用归纳法,提出"故凡同类者,举相似也"的命题,用来证明人们具有普遍的善性。孟子认为圣人是我们的同类,圣人性善,其他的人也皆性善,因为圣人和我们都同属于人。孟子列举了诸多事例:一是从编草鞋说明人的足大体相同,即使不看清脚样去编,也不会把草鞋编成筐子;二是从烹调说明人的味觉相同,即"口之于味,有同嗜也";三是从音乐、审美说明人类有相同的听觉、视觉。于是,孟子就从"口之于味也,有同嗜焉;耳之于声也,有同听焉;目之于色也,有同美焉"进行推论:"至于心,独无所同然乎?"就是说,人类的心,也应有相同之处。这种相同之处是什么呢?孟子说是"理",是"义",并且认为圣人早就懂得了人类内心有相同道德心理这一道理。所以,理义之使人高兴,就像猪、狗、羊肉符合人们的口味一样。换言之,就像人类有相同的脚,相同的味觉、听觉、视觉一样,人类也有着相同的道德意识,即普遍的善性。

理义属于道德意识,道德是人们行为的规范,是社会的产物。孟子认为人类存在着普遍的道德观念,具有真理性。尽管人类历史上经历过种种不同的社会形态,这些社会形态千差万别,但是,它们都有共同之处,即都是人们共同生活的群体。每一个群体都存在一个处理、调整人与人之间、个人与群体之间关系的问题,因此必然存在着普遍的道德原则,这就是孟子所谓"心之所同"。但是,心有所同还有所异,孟子有见于"同"而不见于"异",弃"异"而不谈,就显得有些过分。特别是人的生理感觉和人的意识属于不同的类,一是人的自然属性,一是人的社会属性。异类类推,其逻辑论证也欠严密。

人性既然是善的,那么,怎么会产生出恶来呢?对此,孟子回答:"乃若其情,则可以为善矣,乃所谓善也。若夫为不善,非才之罪也。恻隐之心,人皆有之;羞恶之心,人皆有之;恭敬之心,人皆有之;是非之心,人皆有之。恻隐之心,仁也;羞恶之心,义也;恭敬之心,礼也;是非之心,智也。仁义礼智,非由外铄我也,我固有之也,弗思耳矣。故曰:'求则得之,舍则失之。'或相倍蓰而无算者,不能尽其才者也。"(《告子上》)"情"即性情,指本性的发作。"才"指人生来就具有的质料，也就是性。孟子认为，顺着人的本性，其行为则是善的，这就是人性善。至于不善的行为，并不是出于其材质的不善。人人皆有恻隐之心、羞恶之心、恭敬之心、是非之心，这"四心"就是仁义礼智。仁义礼智这些善心，不是外人给予的，而是人本身就天然具有的，只不过不曾去自觉认识它罢了。正因为"仁义礼智"，"我固有之也"，所以"求则得之，舍则失之"，一经探求就会得到，一加放弃就会失掉。人与人之间善恶悬殊，有些人的道德意识比别人相差一倍、数倍甚至无数倍，就是由于没有充分发挥其固有的善的材质。

孟子举例说："富岁，子弟多赖；凶岁，子弟多暴。非天之降才尔殊也，其所以陷溺其心者然也。今夫麰麦，播种而耰之，其地同，树之时又同，浡然而生，至于日至之时，皆熟矣。虽有不同，则地有肥硗、雨露之养、人事之不齐也。"（《告子上》）丰岁，青少年大多显得懒惰；灾年，青少年大多显得暴虐。这并非天生的本性如此不同，而是由于环境的原因使他们的本性变坏了。种植大麦，到收获的时候，之所以会得到不同的结果，那是由土地的肥瘠、雨露的多少、人工的勤惰不同造成的。

孟子又以比喻为证："牛山之木尝美矣，以其郊于大国也，斧斤伐之，可以为美乎？是其日夜之所息，雨露之所润，非无萌蘖之生焉。牛羊又从而牧之，是以若彼濯濯也。人见其濯濯也，以为未尝有材焉，此岂山之性也哉？虽存乎人者，岂无仁义之心哉？其所以放其良心者，亦犹斧斤之于木也，旦旦而伐之，可以为美乎？其日夜之所息，平旦之气，其好恶与人相近也者几希，则其旦昼之所为，有梏亡之矣。梏之反复，则其夜气不足以存；夜气不足以存，则其违禽兽不远矣。人见其禽兽也，而以为未尝有才焉者，是岂人之情也哉？故苟得其养，无物不长；苟失其义，无物不消。孔子曰：'操则存，舍则亡；出入无时，莫得其乡。'惟心之谓与？"（《告子上》）牛山上的树木，曾经是很茂盛的。因为它长在大都市的郊外，老用斧子去砍伐，它还能够茂盛吗？尽管它日日夜夜都在生长着，雨水露珠也在润泽着，不是没有新枝嫩芽生出来,但紧跟着又是放牧牛羊,所以才变得如此的光秃秃。大家看见它现在光秃秃的样子,就以为这山不曾生长过大树木,这难道是山的本性吗?从此出发,孟子以山喻人,认为尽管在恶人身上,也并非没有仁义之心,只不过是仁义之心丧失了。恶人之所以丧失仁义之心,就好像用斧子去砍牛山上的树木一样,每天都去砍它,它怎么能够茂盛?他在日里夜里发出的善心,在天亮时所接触到的清明之气,这些在他心里所激发出来的好恶跟一般人相近的也有一点点。可是到了第二天白天,受环境的影响,他的所作所为又把善心泯灭了。人的善心失而复得,又反复地被消灭,如此再三,那么,他夜来心里所发出的善念自然也不能存在。这样就离禽兽不远了。人们只看到这些恶人行如禽兽,就以为他们不曾有过善良的资质,这是不对的。因为恶人们的恶绝非他们的本性。由此,孟子得出结论:"苟得其养,无物不长;苟失其养,无物不消。"本性里善的萌芽只要加以扩充、培养,就会发展成为完美的道德;如果不加以扩充、培养,善的萌芽就会消失,恶则会随之产生。他引用孔子的话"操则存,舍则亡;出入无时,莫知其乡"来加强其论证的力量,认为孔子也是持这一观点的。

从水性之喻到"不忍人之心",从"良知良能"说到"心之所同然"说,从"若夫不善,非才之罪"到"牛山之木"等,孟子从各个方面,运用多种手法论证了他"仁义礼智根于心"的性善说,这中间虽然不乏种种疏漏,但确实给我们留下了一笔丰厚的思想财富。

第五节　性善论的价值

孟子在与告子的论战中,偷换了"人性"的概念,将论题由对人的自然属性的探讨转移到了对人的本质的研究上,从而推衍出他的性善论,在人性的研究史上留下了一座里程碑。

孟子的性善论是以人为本位的价值评判,是人类对自我本质的探索,是中国思想史上首次对人性所做的比较系统、深入的理论思考。

性善论的最大意义在于它是一种"自觉"而不是一种"自为"的人性论。这种"自觉"表现在两方面:

一方面,它企图揭示人与动物的本质区别。孟子强调"凡同类者,举相似也,何独至于人而疑之? 圣人,与我同类者"(《告子上》),认为人是同类,应该具有共同的人性。这种共同人性并非"食色之性",因为"食色之性"不足以区别人与禽兽,不足以反映人的本质,所以"君子不谓性也"。那么,作为人的区别性特征的人性是什么呢? 孟子认为是仁义礼智这些自觉的道德观念。这一认识尽管有一定的时代的局限,但确实是一种"自觉"的人性论认识,含有"人把自己本身当作现有的、活生生的类来对待,当作普遍的因而也是自由的存在物来对待"的合理因素,因为道德作为一种"自由自觉的活动恰恰就是人的类的特性"①。

另一方面,它是一种人性天然平等的学说。孟子说:"尧舜与人同耳。"(《离娄下》)"圣人,与我同类者。"(《告子上》)"圣人之于民,亦类也,出乎其类,拔乎其萃。"(《公孙丑上》)这是说,所有人,在人性上都是一样的,即使是"尧、舜",即使是"圣人",他们与普通人在"类"的本质上也是平等的,只不过是他们后天的行为远远高出了他们的同类而已。孟子虽然认为"无恻隐之心,非人也;无羞恶之人,非人也;无辞让之心,非人也;无是非之心,非人也"(《公孙丑下》)、"杨氏为我,是无君也;墨氏兼爱,是无父也。无父无君,是禽兽也"(《滕文公下》),但并不是说他们本性同于禽兽,与别人迥然有别,而是指他们后天的行为违反了"人之所以为人者"的公共道德,丧失了人的本性。这样,虽然不是禽兽,实质也就等同于禽兽了。因此,"人见其禽兽也,而以为未尝有才焉,是岂人之情也哉? 故苟得养,无物不长;苟失其养,无

---

① 马克思:《1844 年经济学哲学手稿》,刘丕坤译,人民出版社 1979 年版,第 49 - 50 页。

物不消"(《告子上》)，只要他们幡然改过，努力修养，那么，人的"善性"就可失而复得。在战国中期，孟子就具有了这种人性平等的思想，不能不说这是中国思想史的骄傲。

尽管孟子未能科学地把握人性，也没有认识到人们道德观差异的社会根源，但他企图在实证意义上揭示人与动物的本质区别，又试图在价值观上肯定人高于动物和人类追求、实现理想人性的平等权利以及道德自觉的能动作用，这说明他的性善论确实是一种"自觉"的人性论。

孟子的性善论也是一种理想主义的人性论。所谓"人无有不善"，表达的不是实际存在的人性，而是对于完美人性的向往。以普遍的善来净化、美化人的本质，以仁义礼智作为最高尺度，对人类本身进行价值评判，强调的是人性发展的趋向和人类为实现这种理想人性而奋斗的主观目的，应该说，它有助于激发人们看出自身现实存在的种种不足，因而努力加以克服。从历史上看，孟子性善论以经过净化和美化的、以仁义礼智为内容的人性规范来衡量社会生活，它不仅能有助于在人民中造成一种好的道德风尚，也有利于激发统治者推行"仁政"的道德责任感，这不但在他那个时代具有进步意义，而且对各个不同时代的志士仁人也有着良好的影响。因此，它也隐含着一定程度的超时代的永恒性。黑格尔说过："善的发现是文化上的一个阶段，善本身就是目的，这乃是苏格拉底在文化中、在人的意识中的发现。"①孟子的性善论也具有同样的价值。

孟子的性善论不仅是理想主义的，而且是理性主义的。孟子并不否认人具有生物属性和自然生理需要，他承认"口之于味也，目之于色也，耳之于声也，鼻之于臭也，四肢之于安佚也，性也"(《尽心下》)，肯定"男女居室，人之大伦"(《万章上》)，但他认为人的生物性要从属于

---

① 黑格尔:《哲学史讲演录》第 2 卷，商务印书馆 1978 年版，第 62 页。

人的社会性,生物性不是最根本的人性。由此出发,他提倡"君子所性",贬低"食色之性";肯定"大体",贬低"小体";高扬理性,贬低感性。因此,性善论带有突出的唯理论的色彩。

总之,孟子的性善论是一个矛盾统一体,它既是一种天赋人性论和形而上学的道德观,也具有强调人的本质和价值、重视理想人性和人的理性的积极因素;既有时代、阶级的局限性,又是人的自我意识的觉醒和对自我本质的探索。只有从性善论入手,我们才能真正了解他那博大而精深的思想。

第三章　内圣修养

仁之实,事亲是也;义之实,从兄是也;智之实,知斯二者
弗去是也;礼之实,节文斯二者是也;乐之实,乐斯二者,乐则
生矣。

——《离娄上》

孟子作为一个思想家,首先是一个伦理思想家。孟子的伦理思
想,在我国丰富多彩的伦理思想史上,占据着突出的地位;就对民族道
德心理的影响而言,从古至今,罕有其匹。与先秦诸子相比,孟子的伦
理思想内容更为丰富,论证较为系统严密。他以性善的道德起源论为
逻辑起点,概括出仁、义、礼、智"四德"和"五伦"等道德规范,提出了
"义胜于利""舍生取义"等道德行为评价准则,论述了"存心""养气"
"寡欲""尽心知天"等一系列道德修养理论。现在,我们就在上章论
述的基础上,来分析和探讨孟子的伦理思想。

第一节　四德与五伦

孟子以仁义礼智作为道德的最高原则。仁义礼智这四德,孔子早
已提出,但是他从未四德并提。除了仁与礼之外,他对四德的关系基
本上没有进行论述。而孟子不但第一次将四德并举,而且对四德的内
涵做了新的诠释,对仁义礼智的起源、相互之间的内在联系及其作用
也进行了深入的阐述。

"仁"是孔子伦理思想的核心,孟子继承和发展了孔子的这一思想,以其为道德行为的出发点和归宿,将它作为道德的总原则。但是,在孟子的思想中,"仁"已没有了"克己复礼"的含义,而是肯定了它"爱人"的一面。他说:"恻隐之心,仁之端也。"(《公孙丑上》)"恻隐之心"即"不忍人之心",也就是对人的危难的同情心。比如说,突然看见一个小孩跌入井中,目击者无论是谁,都会产生这种"不忍人之心",想去营救他。这种同情心,既是天生的,又是超功利的。孟子认为它就是仁的萌芽,或者说它就是仁。这样,仁这种道德现象就有了一个坚实的基础,即心理情感的基础。它再也不是可望而不可即、可畏而不可近的东西,而是变得如此地亲切、熟悉和自然。因此,从人的心理感情活动的角度来解释"仁者爱人"的深刻原因,较之孔子的理论,就显得更具有说服力,更易为人们所接受。这样,孟子就开辟了一条研究道德现象的新路径。

仁既然是"不忍人之心"的自然流露,是内在于人心的,那么,它怎样成为道德规范而指导人们的道德实践呢?为此,孟子又提出了义。他说:"羞恶之心,义之端也。"(《公孙丑上》)"人皆有所不为,达之于其所为,义也。"(《尽心下》)义,根源于人们的羞恶之心。于事,感到羞恶有愧则不当为;反之,则当为。将这种羞愧不为之心扩充到所应当为之事上,这就是义。显然,孟子所谓"义"是对行为进行道德评价的一个范畴。

孟子喜欢仁义对举。[1] 他说:"仁,人心也;义,人路也。"(《告子上》)"仁,人之安宅也;义,人之正路也。"(《离娄上》)这两个比喻,生动地展现了仁、义这两个道德范畴的对立统一。就区别性而言,仁与义有三点不同:一是层次不同。仁是较高层次的范畴,而义则属于较

---

[1] 学者一般认为仁义并称始于孟子。金景芳则认为这只是表面现象,实质仁义是孔子思想的核心。见《孔子所讲的仁义有没有超时代意义》,《孔子研究》1989 年第 3 期;《论孔子思想的两个核心》,《历史研究》1990 年第 5 期。

低的层次;仁较为内在,义较为外在;仁较为抽象,义较为具体。告子与孟子论性,有"仁,内也,非外也;义,外也,非内也"(《告子上》)之说,正是看到了这点。但仁、义这一区别仅仅是相对的,并非绝对的,义也同样根于人心,告子否定了这点,所以遭到了孟子的批驳。二是特色不同。仁根源于"恻隐之心",充满了浓厚的温情;而义作为"应该"之标准、"当然"之准则强制性较强,显现出理性的冷酷。三是作用方式不同。仁的抽象性和内在性,使它对道德生活所发挥的指导和制约作用是间接的,而义作为"当然"之则,其作用则是直接的。就相互联系而言,仁与义是互补的。仁借助于义而同人们的道德实践有直接关系,它的指导、制约作用通过义由此达彼,使内在的道德意识变为人们具体的道德行为。遵义而行,依义而为,就可达到仁。义则从仁那里获得了新的规定,义之与否的标准就是仁,合乎仁就是义,否则则为不义。这样,仁、义就成了不可分离的有机统一体。仁与义的这种统一在一定程度上概括了人们的全部道德意识,成为道德生活的最高原则。

仁义这种道德原则如何变成道德行为呢?孟子做出了回答,他说:"居仁由义,大人之事备矣。"(《尽心上》)居仁,即立于仁。这就是说,在人们的道德生活中,一切都要从仁出发。为此,孟子进行了解释:"人皆有所不忍,达之于其所忍,仁也。"(《尽心下》)"仁者以其所爱及其所不爱。"(《尽心下》)这种思想显然源于孔子的"己所不欲,勿施于人"(《论语·卫灵公》)、"己欲立而立人,己欲达而达人"(《论语·雍也》)。但孟子对于"居仁""推恩",又提出了具体的标准,这就是义。孟子认为,"居仁""推恩"必须"由义",不由义就是不义,不义也就是不仁。所以他说:"君子之于物也,爱之而弗仁;于民也,仁之而弗亲。亲亲而仁民,仁民而爱物。"(《尽心上》)又说:"仁者无不爱也,急亲贤之为务。……尧、舜之仁不遍爱人,急亲贤也。"(《尽心上》)这样,"居仁""由义",仁爱尽管还是仁爱,但对不同的人,就有厚薄之等、先后之分了。

"居仁由义"以"亲亲"为急。"亲亲"包括了哪些内容呢？孟子有一系列论述："亲亲，仁也；敬长，义也。"(《尽心上》)"仁之实，事亲是也；义之实，从兄是也。"(《离娄上》)"尧、舜之道，孝悌而已矣。"(《告子下》)这即是说，"亲亲"包括"事亲"和"从兄"两个方面。事亲是孝，从兄是悌。孟子以孝悌为仁义的根本。尧、舜之道博大精深，他却以孝悌二字概之。可见，孝悌之德在孟子的伦理思想中占据着极其重要的地位。全祖望认为，孝悌之德的"最早发明者为孟子"①，是很有道理的。

孟子承认爱有差等，但他更强调由己及人。所以，在他看来，亲亲孝悌只是仁的扩充过程的开端。不亲亲而爱人固然是不"由义"，但仅亲亲而不爱人则更为不义。亲亲而爱人就是将亲亲之心推及他人，"老吾老以及人之老，幼吾幼以及人之幼"(《梁惠王上》)。对于统治者来说，"爱人"就是施行"仁政"，将施及自己亲人的仁爱之心最大限度地施及于自己的臣民。这是仁的归宿、义的极致。由"亲亲而爱人"而施行仁政，这就是"居于仁而由义"推广的全过程。由此可见，仁义原则贯穿了孟子理想的道德实践的始终，确实是其道德哲学的最高纲领。

孔子重礼。② 在《论语》一书中，"礼"字出现了75次。孔子所谓礼，主要是他所认可的周礼，既是政治、经济制度，又是道德生活规范。而孟子所谓礼，与孔子却有所不同。孟子说："礼之实，节文斯二者是也。"(《离娄上》)朱熹集注："节文，谓品节文章。"(《孟子集注》)焦循注："太过则失其节，故节之；太质则无礼敬之容，故文之。"(《孟子正

---

① 见焦循《孟子正义》引。
② 有人认为孔子思想的核心是礼。如蔡尚思说："孔子整个思想体系的中心是礼"，"孔学主要是礼学"。见氏著《孔子思想体系》。李泽厚则认为孔子是以仁释礼，礼是目的，仁是手段。见氏著《关于孔子的再评价》。

义》)这就是说,孟子所谓礼,其作用就在于对仁义进行节制和文饰,既不让仁义失之于无度,也不让它们失之于质实粗野。"恭敬之心,礼之端也"(《公孙丑上》),礼根源于人们的恭敬、辞让之心,它是由此而产生出来的仁义道德的节度、生活行为的准则和规范,也是待人接物的礼节、仪容。比如他说:"迎之致敬以有礼,则就之。礼貌衰,则去之。"(《告子下》)"礼人不答,反其敬。"(《离娄上》)这些"礼",都是指的礼节仪式。尽管孟子主张以礼待人、循礼而行,但他认为礼节仪式同仁义相比,则是次要的。如果君主不仁不义,馈之以礼,可以不受;召之以礼,可以不往。(《万章下》)中古棺椁有制,然而孟子认为在条件和财力允许的情况下,为了表达孝子之心,突破这个限制完全是可以的。男女有别,授受不亲,礼也。但当嫂子落水待救之时,孟子认为援手而救是合乎礼的,因为它合乎人们的仁义之心。由此可见,在孟子的思想里,礼是仁义的外化和形式化,它受制于仁义、产生于仁义,其重要性大为降低了。

为了正确认识仁义原则并保证仁义的实践,孟子又提出了"智"的范畴。他说:"智之实,知斯二者(仁、义)弗去是也。"(《离娄上》)这种智与"虽有智慧,不如乘势"(《公孙丑上》)的智有所不同,其主要含义是指道德认识和道德自觉。① 所谓"知斯二者",就是对仁与义能有正确的认识和理解;由"知"而"弗去",就是在正确认识理解的基础上自觉地坚持仁与义的原则,执着地践履仁义道德。《公孙丑上》篇有这样的记载:"昔者子贡问于孔子曰:'夫子圣矣乎?'孔子曰:'圣则吾不能。我学不厌而教不倦也。'子贡曰:'学不厌,智也。教不倦,仁也。仁且智,夫子既圣矣。'"子贡的说法揭示了智的内涵和作用:不断地学习,提高道德认知的水平,以保证自己的道德自觉,这就是智;而要达到圣的境界,不但要据于仁,而且要对自己的行为进行道德评判和选

---

① 张奇伟:《孟子伦理哲学思想略论》,见谢祥皓编:《孟子思想研究》,山东大学出版社 1986 年版。

择。如此看来,孟子将智列入"四德"是很有道理的。孟子的仁义礼智四项道德原则,是一个充满着辩证联系的道德范畴群。它以仁义为主,礼智为辅。仁义作为内在规定起着核心作用,礼作为仁义的外在形式起着"节文"作用,智作为道德自觉对仁义起着知与守的作用。离开了仁义,就无所谓礼,也无所谓自觉的知;而离开了礼则仁义亦失去了具体的准则,很难为一般人所把握;离开了智则仁义就不能真正被认识,也很难成为人们的自觉践履。①

孟子将人们的社会关系概括为"五伦",并为它们规定了具体的道德原则。他说:"人之有道也,饱食、暖衣、逸居而无教,则近于禽兽。圣人有忧之,使契为司徒,教以人伦:父子有亲,君臣有义,夫妇有别,长幼有叙,朋友有信。"(《滕文公上》)伦即伦次,指人与人之间的关系。"五伦"即五种人伦,它们是父子、君臣、夫妇、长幼、朋友五种基本的社会关系或伦理关系。孟子认为这五种不同的社会关系都应有不同的道德规范和原则,就是说:父子关系要以亲为原则,君臣上下关系要以义为原则,夫妇男女关系要以别为原则,长幼关系要以序为原则,朋友关系要以信为原则。"五伦"的这五种道德原则是以区别人兽为背景提出的,它是人类社会由野蛮进入文明的标志。就道德规范而言,可以说是四德的进一步具体化。

"五伦"首列父子、君臣,我们认为主要包含这样的意思:第一,父子关系为家庭血缘关系之首,这是以父权制的存在为基础的;君臣关系为政治关系之首,这是以政治等级制的存在为基础的。第二,封建社会家、国是同构关系,父子、君臣也是同构关系,孟子"父子有亲"后紧接以"君臣有义",正是这种同构关系的表现。

"父子有亲",对"父子"不能作机械理解。它以父子为代表,实际包括父母同子女的关系。亲,即亲亲。《礼记·丧服四制》说:"资于

---

① 梁韦弦:《孟子研究》,吉林大学 1992 年博士学位论文,第 90 页。

事父以事母，而爱同。"可见它不但指事父，也应包括事母。不但指子孝，也当包括父义母慈。孟子认为："率其子弟，攻其父母，自有生民以来，未有能济者也。"（《公孙丑上》）这就是因为违反亲亲之义。孟子还主张父子不责善。他说："古者易子而教之，父子之间不责善。责善则离，离则不祥莫大焉。"（《离娄上》）又说："父子责善，贼恩之大者。"（《离娄下》）孟子的"父子之间不责善"，就是怕造成"离"的局面。父子之间因责善而离，就有违"亲亲之义"了，故云"不祥莫大焉""贼恩之大者"。这种思想是比较保守的，可能是针对匡章的事有感而发。

"君臣有义"，君臣实际包含君臣上下，孟子是举君臣以赅整个的社会政治等级关系。"义"指的是处理政治等级关系的道德原则。孟子认为臣固然要敬君，但君首先要敬臣。他说："君之视臣如手足，则臣视君如腹心；君之视臣如犬马，则臣视君如国人；君之视臣如土芥，则臣视君如寇仇。"（《离娄下》）这就是说，君臣之间都要讲义，义是一种对等原则，不只是下级服从上级，上级也应尊重下级。有人说"'五伦'中真正平等的关系只有朋友一伦"[①]。但从孟子对君臣关系的论述来看，孟子认为在政治道德上，君臣也是平等的。这种思想是对孔子学说的一个重大发展。

"夫妇有别"，我们也不应围于表面。"夫妇"实际是"男女"的代表，是《周易·序卦传》中的"男女""夫妇"的合称。"夫妇有别"即《礼记·昏义》所谓"男女有别""夫妇有义"的总称。"义"即"别"。所以，孟子所谓"夫妇有别"既包括了处理夫妇的道德原则，也包括了处理整个男女关系的原则。"别"就区别的意义讲，既含有建立在父家长制基础上的男尊女卑、夫尊妇卑观念，也含有夫妇、男女在家庭及社会中分工不同的含义。《礼记》强调"夫妻合""夫妇和""一体""合体"，又说"夫妇有义"，孟子却说"夫妇有别"，该怎么理解呢？其实，

---

① 陈瑛：《孟轲的伦理学说》，《中国哲学》第 12 辑，人民出版社 1984 年版，第 13 页。

这些提法虽各有侧重,但意思都是一样的。孟子和先秦儒家都反对兼爱,反对爱无差等,主张有差别的爱,提倡不齐之齐、不平之平。这些关于夫妻关系的提法也是如此。"夫妇和""夫妻一体"并非指夫妻绝对平等,而是指建立在父家长制基础上、以男尊女卑为前提的一种和谐的夫妻关系。"别""和"是一件事的两面。言"别",是强调"夫妻一体"同中有异;言"和"、言"一体"是说其异中有同。所以,孟子以"别"为处理夫妇、男女关系的道德原则,虽然强调两者在政治、经济、生活、生产中的区别,但也内在地包含了夫妇和谐、男女和谐的内容。《礼记·礼运》说:"父子笃,兄弟睦,夫妇和,家之肥也。""父子笃"并不意味着否定了"事亲之孝",而是以孝为内在基础的;"兄弟睦"并没有否定"敬长",而是以悌为内在基础的;"夫妇和"也不意味着夫妇没有尊卑,而是以"从夫"为前提的。《礼记·礼运》又说"夫义、妇听",齐晏婴"十礼"则称之为"夫和、妻柔"。"夫义、妇听"即"夫和、妻柔"。所以,"夫妇有别"即"夫义、妇听","夫妇和"即"夫和、妻柔",两者的含义是一致的。以为《礼记》说和《孟子》说有原则上的分歧,完全是一种误解。

"长幼有叙。""叙"即齿序,指尚齿,依年龄大小而定尊卑,既包括家庭内的敬兄,也包括社会上的尊长敬老。《礼记·经解》说:"乡饮酒之义,所以明长幼之序也。""乡饮酒之礼废,则长幼序失,而争斗之狱繁矣。"《礼记·乡饮酒义》说:"乡饮酒之礼,六十者坐,五十者立侍,以听政役,所以明尊长也;六十者三豆,七十者四豆,八十者五豆,九十者六豆,所以明养老也。民知尊长养老,而后乃能入孝弟。民入孝弟,出尊长养老,而后成教,成教而后国可安也。"由此可知,长幼有叙,即长幼有齿,齿即尚齿,换言之即尊长养老。这是孝悌原则的扩充与延伸。孟子所谓"五十者可以衣帛矣""七十者可以食肉矣""颁白者不负戴于道路矣"(《梁惠王上》),也正是这种尊长敬老风气的具体化。

"朋友有信",指处理朋友这种社会关系要以信为准则。信即实,指说话要算数,孟子认为这是对待朋友最基本的原则。但孟子所谓信又是以义为前提的,所以他说:"大人者,言不必信,行不必果,惟义所在。"(《离娄下》)这是有子所谓"信近于义,言可复也"(《论语·学而》)之意。合于义的信,才是"朋友有信"的真正内涵。

孟子所谓"四德""五伦"概括了人们道德生活中一些非常重要的基本原则。这些原则经孟子阐发后,已经凝固下来,构成了封建社会中人们普遍认同的道德认识。今天,尽管其形式和内容已有所变化,但仍影响着我们的道德生活。对其有分析地吸收而不是简单地否定,这对今天的精神文明、道德文明建设是很有必要的。

第二节　义利之辨

利与义的关系问题,即利益与道德的关系问题,是道德哲学的基本问题。孟子尽管承认人们物质利益的必要性,肯定先富后教、恒产对于恒心的重要性,但在价值取向上,他还是坚持义胜于利,认为道德原则重于物质利益。

孟子的这一认识来源于他的性善论。孟子认为"口之于味也,目之于色也,耳之于声也,鼻之于臭也,四肢之于安佚也,性也,有命焉,君子不谓性也"(《尽心下》),不承认它们是人的本质属性。人之所以为人者是什么呢? 孟子认为是仁义礼智这些道德原则,因为这才是"君子所性"。义,是道德原则的代表,孟子认为它反映了人的本质;利是"食色"之称,孟子认为它虽然是人类生存的必要条件,但它并不能区分人和禽兽。两相比较,自然就得出了义重于利的价值认识。

对于孟子的义利观,我们既要从宏观上把握其基本走向,还要对他在不同背景下所说的利、义进行具体分析。

《孟子》开篇就说:"孟子见梁惠王。王曰:'叟! 不远千里而来,亦将有以利吾国乎？'孟子对曰：'王！何必曰利？亦有仁义而已矣。王曰：'何以利吾国？'大夫曰：'何以利吾家？'士庶人曰：'何以利吾身？'上下交征利而国危矣。万乘之国，弑其君者，必千乘之家；千乘之国，弑其君者，必百乘之家。万取千焉，千取百焉，不为不多矣。苟为后义而先利，不夺不餍。未有仁而遗其亲者也，未有义而后其君者也。王亦曰仁义而已矣，何必曰利？'"（《梁惠王上》）这一段话，曾经引起过司马迁的感叹，他说："余读《孟子》书，至梁惠王问'何以利吾国'，未尝不废书而叹也。曰：嗟呼，利诚乱之始也！夫子罕言利者，常防其原也。故曰'放于利而行，多怨'。自天子至于庶人，好利之弊何以异哉！"（《史记·孟子荀卿列传》）孟子奉劝梁惠王要讲仁义，不要讲利，认为如果讲利，就会引起争夺，招致政权颠覆。因此，从表面看来，孟子似乎认为利是万恶之源，义与利是对立的。

其实，孟子这里所说的"利"与"义"含义较为复杂。孟子所谓"仁义"或"义"指的是当时的社会准则和道德规范。它既是统治阶级长远利益与整体利益的体现，又包含一部分社会公共利益甚至一部分百姓利益。他所谓"利"，实际指的是统治者的个人私利以及所代表的小集团利益，或者是眼前利益、局部利益。这从"何以利吾国""何以利吾家""何以利吾身"之"利"的内涵中可以看得很清楚。因此，孟子在这里崇义而抑利，实际是反对统治者为一己之私利而置整体利益、长远利益于不顾。他认为如果统治者带头追求个人或小集团的私利，全国上下争而仿效，那么就会使国家和统治阶级的整体利益、长远利益受到根本性的损害。因而孟子提倡义，要用义来规范全体社会成员的行为。这种"义"，实质就是以道德原则为形式而出现的"公利"。孟子所谓反对"后义而先利"，就是反对置私利于公利之先。而提倡公利，最终还是有利于统治者本身，故云"未有义而后其君者也"。对此，朱熹《孟子集注》说得好："程子曰：君子未尝不欲利，但专以利为心则有害。惟仁义则不求利而未尝不利也。"不求利而利自得，这正是儒家的辩证法，正是孟子讲仁义的本旨。

《告子下》又记载了孟子同宋牼的另一场义、利之辩："宋牼将之楚，孟子遇于石丘，曰：'先生将何之?'曰：'吾闻秦、楚构兵，我将见楚王说而罢之。楚王不悦，我将见秦王说而罢之。二王我将有所遇焉。'曰：'轲也请无问其详，愿闻其指。说之将何如?'曰：'我将言其不利也。'曰：'先生之志则大矣，先生之号则不可。先生以利说秦、楚之王，秦、楚之王悦于利，以罢三军之师，是三军之士乐罢而悦于利也。为人臣者怀利以事其君，为人子者怀利以事其父，为人弟者怀利以事其兄，是君臣、父子、兄弟终去仁义，怀利以相接，然而不亡者，未之有也。先生以仁义说秦、楚之王，秦、楚之王悦于仁义，而罢三军之师，是三军之士乐罢而悦于仁义也。为人臣者怀仁义以事其君，为人子者怀仁义以事其父，为人弟者怀仁义以事其兄，是君臣、父子、兄弟去利、怀仁义以相接也，然而不王者，未之有也。何必曰利?'"宋牼主张"禁攻寝兵"，他听说秦、楚两国将要交兵作战，就打算以打仗对两国都无利为理由，去劝说秦、楚两国罢兵。孟子认为以利害关系去游说秦、楚罢兵，只会导致举国上下、家庭内外都讲究利害关系而不顾仁义，最终导致国破家亡。如以仁义去说服他们罢兵，就会使举国上下、家庭内外都弃利而顾义，相互之间以仁义对待，最终能够王天下。这里的"利"也还是指私利，以私利去说服人，只会使人的私心更加膨胀，后果不堪设想，所以孟子又说"何必曰利"，反对宣扬。"仁义"作为社会的公共道德原则，实际是"公利"的代名词。孟子认为如果大家都追求仁义，讲究公利，必然能够实现王道理想。所以孟子这两处义、利之辩，不但是讲道德原则重于物质利益，更是讲公利重于私利，整体利益、长远利益重于局部利益、眼前利益。笼统地讲孟子只言道义而不言功利，有违孟子本意。

弄清"义""利"之别后，我们再来看孟子的这些言论，就不会有误解了。孟子说："鸡鸣而起，孳孳为善者，舜之徒也；鸡鸣而起，孳孳为利者,蹠之徒也。欲知舜与蹠之分,无他,利与善之间也。"(《尽心上》)"蹠"同"跖",为传统所谓恶人的代表。孟子认为区分舜与跖的标准,就在于求利还是求善。对此,人们过去颇多非议,认为是对"为利"的劳动者的诬蔑。其实,孟子这里所谓"利",只是私利之意;"善",实质是指公利。其意思是说追求公利还是追求私利,是区分君子与小人的准绳。这种所谓的超功利主义还是可以用功利来解释的。

　正因为孟子重公利之义而贬私利之利,所以在对待个人利益与公利、生命与道德价值的问题上,他提出了著名的"舍生取义"说:"鱼,我所欲也;熊掌,亦我所欲也。二者不可得兼,舍鱼而取熊掌者也。生,亦我所欲也;义,亦我所欲也。二者不可得兼,舍生而取义者也。生,亦我所欲,所欲有甚于生者,故不为苟得也;死,亦我所恶,所恶有甚于死者,故患有所不辟也。如使人之所欲莫甚于生,则凡可以得生者,何不用也? 使人之所恶莫甚于死者,则凡可以辟患者,何不为也? 由是则生而有不用也,由是则可以辟患而有不为也,是故所欲有甚于生者,所恶有甚于死者。非独贤者有是心也,人皆有之,贤者能勿丧耳。"(《告子上》)生存可谓是人最大的欲望之一,但和义相比,二者不能兼得时,孟子认为应该舍生取义。为什么呢? 因为"所欲有甚于生者",人不能苟且偷生;"所恶有甚于死者",人只能选择死亡。而义就是人生最高的价值原则,背义就是人生最大的可耻。为了论证义重于生,孟子又提出一条理由:"一箪食,一豆羹,得之则生,弗得则死,嘑尔而与之,行道之人弗受;蹴尔而与之,乞人不屑也。"(《告子上》)对于饿得要死的人,以轻蔑的态度叱喝他,再给他点残羹剩饭,他不会接受;要饭的乞丐,踢他两脚,再给他点东西,他不屑于接受。为什么呢? 因为他有"羞恶之心",你这样做侮辱了他的人格。孟子接着说:"万钟则不辩礼义而受之。万钟于我何加焉? 为宫室之美、妻妾之奉、所识穷乏者得我与? 乡为身死而不受,今为宫室之美为之;乡为身死而不受,今为妻妾之奉为之;乡为身死而不受,今为所识穷乏者得我而为之,是亦不可以已乎? 此之谓失其本心。"孟子认为,为享受、为美色、为虚名而接受高官厚禄,以致不辨礼义,这种丧失本性的行为,连乞丐都不如。总之,道德原则高于个人的一切,牺牲道德原则而苟且偷生,生不如死。为了道德原则所代表的公利,就是牺牲个人的一切私利,也在所不惜。孟子的"舍生取义"说是对孔子"无求生以害仁,有杀身以成仁"(《论语·卫灵公》)思想的继承和发展,也是孟子义重于利的义利观在生死问题上的具体贯彻。千百年来,它已融入民族的灵魂,成为志士仁人为国为民勇于捐躯的精神动力。这一事实就有力地证明了:孟子的所谓"义"绝不仅仅只具有道德教条的内涵,国家、民族的公利也是它题中应有之义。

与孟子义利观有关的还有《滕文公下》中的一段记载:"陈代曰:'不见诸侯,宜若小然;今一见之,大则以王,小则以霸。且《志》曰:"枉尺而直寻。"宜若可为也。'孟子曰:'昔齐景公田,招虞人以旌,不至,将杀之。志士不忘在沟壑,勇士不忘丧其元。孔子奚取焉? 取非其招不往也。如不待其招而往,何哉? 且夫枉尺而直寻者,以利言也。如以利,则枉寻直尺而利,亦可为与? 昔者赵简子使王良与嬖奚乘,终日而不获一禽。嬖奚反命曰:"天下之贱工也。"或以告王良。良曰:"请复之。"强而后可,一朝而获十禽。嬖奚反命曰:"天下之良工也。"简子曰:"我使掌与女乘。"谓王良。良不可,曰:"吾为之范我驰驱,终日不获一;为之诡遇,一朝而获十。《诗》云:'不失其驰,舍矢如破。'我不贯与小人乘,请辞。"御者且羞与射者比;比而得禽兽,虽若丘陵,弗为也。如枉道而从彼,何也? 且子过矣:枉己者,未有能直人者也。'"孟子的弟子陈代认为孟子不去谒见诸侯,是拘于小节。见诸侯"大则以王,小则以霸",虽然有失小节,但顾全了大节。孟子却不同意陈代的意见,认为孔子之所以赞扬齐景公的虞人,就是因为他"非其招不往",为坚持原则而不惜违抗君命。所谓"枉尺而直寻"的说法,纯粹是从利害关系的角度来考虑的。而原则问题是不能以功利为标准来衡量的。为此,他举了一个例子:赵简子良御王良为赵简子的宠臣奚驾车打猎,"终日不获一禽",连一只鸟也没射中。后来,王良"为之诡遇",违反驾车之道,结果"一朝而获十",一个早上就射中了十只。赵简子想让王良以后就专门给奚驾车,王良不肯。他认为奚不善射,按正道给他驾车则不获,不按正道给他驾车却射中很多,是一小人。孟子就此评论道:一个驾车的都尚且以同一个不走正道的射手合作为可耻;这种合作就是得到的禽兽堆积如山,他也不肯干。如果我们牺牲原则而去追随诸侯,那又是为什么呢?再说你错了,自己不坚持原则,从来就不能使别人坚持原则。所以,牺牲原则去见诸侯,也并不能实现"王道"理想。

孟子这里所讲的,归根结底还是一个义与利的关系问题。陈代认为,为了大利,可以牺牲小义。孟子不同意,认为义与利不能以大小来衡量。"枉道而从"利,所获再多,君子也不当为;为利而舍义,也不能真正地获利。所以,在孟子看来,道义重于功利,坚持道义才能获得真正的功利。我们与其说他是一个超功利主义者,还不如说他是一个重功利主义者。

形超功利而实重功利,这从孟子与彭更的"志""功"之辩中也可得到证明。《滕文公下》中记载:"彭更问曰:'后车数十乘,后者数百人,以传食于诸侯,不以泰乎?'孟子曰:'非其道,则一箪食不可受于人;如其道,则舜受尧之天下,不以为泰——子以为泰乎?'曰:'否,士无事而食,不可也。'曰:'子不通功易事,以羡补不足,则农有余粟,女有余布;子如通之,则梓匠轮舆皆得食于子。于此有人焉,入则孝,出则悌,守先王之道,以待后之学者,而不得食于子;子何尊梓匠轮舆而轻为仁义者哉?'曰:'梓匠轮舆,其志将以求食也;君子之为道也,其志亦将以求食与?'曰:'子何以其志为哉?其有功于子,可食而食之矣。且子食志乎,食功乎?'曰:'食志。'曰:'有人于此,毁瓦画墁,其志将以求食也,则子食之乎?'曰:'否。'曰:'然则子非食志也,食功也。'"

"志"是行为的动机，"功"是行为的效果。孟子的学生彭更认为孟子"后车数十乘，从者数百人，以传食于诸侯"，似乎太过分了。孟子回答说：他能"守先王之道，以待后之学者"，这是他应有的报酬；木匠、车匠都还能得到一定的报酬，为什么他就不能？彭更说：木匠、车匠的"志"是谋饭吃，"君子之为道"难道也是为了谋饭吃吗？孟子说：比如有一个人，他的"志"是谋饭吃，可是技术不高明，把你的房子都搞坏了，你也给他饭吃吗？彭更说：不给。孟子说：这样看来，你还是因为一个人的"功"而给他饭吃，不是因为他的"志"而给他饭吃。"食功"而不"食志"，重效果而轻动机，这种重功利的观点与孟子的义利观是一致的。重义而轻义，因为义才是最大的利；"食功"而不"食志"，因为"功"是真正的利，"志"并非利。儒家的辩证法是"欲取先予"，孟子的舍利取义也是如此。理解了这一点，我们对孟子的"志""功"之论就不以为怪了。

正因为孟子视义为最大之利，所以他就提出了通权达变之说。《离娄上》载："淳于髡曰：'男女授受不亲，礼与？'孟子曰：'礼也。'曰：'嫂溺，则援之以手乎？'曰：'嫂溺不援，是豺狼也。男女授受不亲，礼也；嫂溺，援之以手者，权也。'"按照礼的规定，男女之间不亲手接递东西。可是，当嫂子失足落水时，就不能死守礼制，必须要懂得权变，用手把她拉出来。守礼为什么又要"权"呢？因为礼的最终目的还是为了利人。而"嫂溺，援之以手"这种"权"是为了挽救嫂子的生命，正体现了礼利人的精神。所以，对礼通权达变，正体现了对功利的重视。

《万章上》中的如下这一记载也是如此："万章问曰：'《诗》云："娶妻如之何？必告父母。"信斯言也，宜莫如舜。舜之不告而娶，何也？'孟子曰：'告则不得娶。男女居室，人之大伦也。如告，则废人之大伦，以怼父母，是以不告也。'万章曰：'舜之不告而娶，则吾既得闻命矣；帝之妻舜而不告，何也？'曰：'帝亦知告焉则不得妻也。'"按照礼的规定，娶妻必须征得父母的同意，舜违反礼制，不告而娶，却得到孟子的肯定。这是为什么呢？因为舜父瞽瞍暴虐，母顽固，常欲害舜。告而后娶，必不得娶。不告而娶，虽然不合礼制，却体现了"男女居室"的"人之大伦"。"不孝有三，无后为大"，绵延后嗣是家庭的最大利益所在，舜为此不告而娶，这就是"行权有道"。孟子评价舜，正是从大利处着眼的。

由上可知，孟子重义轻利，并不是简单地肯定道德原则而否定物质利益，而是重公利而抑私利，以义为真正之大利。

第三节　内圣之道

如何把人们本性的善端扩充发展为完美的善，把道德原则变成人们自觉的道德行动呢？孟子阐述了他一整套系统的道德修养理论。孟子的道德修养论本于其性善论，其方法具有向内求的特点，其理想是成圣成贤，因此，我们可称之为内圣之道。

具体说来，孟子的道德修养方法有以下内容：

首先是"存心"，即持守本性中固有的善心而不失掉。他说："君子所以异于人者，以其存心。君子以仁存心，以礼存心。"(《离娄下》)这就是说，君子之所以道德水平超出常人，就是因为他能保持住自己本性中的善心、保持住本性中的仁、保持住本性中的礼。而一般的人，他们之所以没有成为君子，就是因为他们忘掉或失掉了这种本性中固有的善心，这就叫作"放心"。进行道德修养，不但要"存心"，更要"求其放心"，将丧失掉的善心收回来。他说："虽存乎人者，岂无仁义之心哉？其所以放其良心者，亦犹斧斤之于木也，旦旦而伐之，可以为美乎？其日夜之所息，平旦之气，其好恶与人相近者几希，则其旦昼之所为，有梏亡之矣。梏之反复，则其夜气不足以存；夜气不足以存，则其违禽兽不远矣。"(《告子上》)仁义之心是每个人内心都存在的，但由于外界的不良影响，平时不注意保持，这种良心就逐渐丧失了，这就距禽兽不远了。所以必须要"求其放心",把丧失掉的良心收回来。他说:"仁,人心也;义,人路也。舍其路而弗由,放其心而不知求,哀哉!人有鸡犬放,则知求之;有放心而不知求。学问之道无他,求其放心而已矣。"(《告子上》)鸡、犬走失了,人们知道去将它们找回来;仁义之心丧失了,就更应该去寻求、寻找。学问之道的内容没有别的,归根结底,就是要将失去的良心找回来。这是孟子心性论的一个重要观点。孟子为什么要将整个学问都称之为"求其放心"呢?这与孟子的"智圣合一"观有关。孟子认为,知识(智)与道德(圣)是统一不可分的,比如射箭,要射中箭靶,既要有技巧,又要有力量,缺一不可。演奏一首乐曲,要和谐动听,演奏者既要有智(智慧技巧),又要有圣(道德修养)。所以知识和道德是合一的,是不可离的。(见《万章下》)"求其放心"是修德,但修德也离不开求知,故孟子说"学问之道无他,求其放心而已矣"。

如何"存心""求其放心"呢?孟子又提出了"思诚""自反"的方法。他说:"居下位而不获于上,民不可得而治也。获于上有道:不信于友,弗获于上矣。信于友有道:事亲弗悦,弗信于友矣。悦亲有道:反身不诚,不悦于亲矣。诚身有道:不明乎善,不诚其身矣。是故诚者,天之道也;思诚者,人之道也。至诚而不动者,未之有也;不诚,未有能动者也。"(《离娄上》)孟子认为,要"信于友""获于上"以至治理好万民,就得从"悦于亲"做起。而"悦于亲"就得"诚身有道",真情实意地对待父母。要做到这一点,就得"明乎善",具有良心的自觉。只有这种具有良心自觉的"诚"、出于本性的真情实感,才能真正地"悦于亲",得到父母的欢心。这种"诚",实质是指道德修养的态度,也是指道德修养所应达到的境界,这是道德修养所必需的。如果虚情假意,或者半心半意,道德修养永远也搞不好,既不能"悦于亲",更不能"信于友""获于上"。所谓"反身""思"主要是指具体修养方法,即自我反省,运用理性思维检查自己,获得道德自觉。孟子认为,通过反省功夫,使自己的道德行为建立在"至诚"的基础上,就能达到"悦亲""信友""获上"以至"治万民"的道德理想境界。

对于"反身"这种自我修养方法,孟子还有更详细的论述:"爱人不亲,反其仁;治人不治,反其智;礼人不答,反其敬。行有不得者,皆反求诸己。"(《离娄上》)对别人的不亲,要从自己对人的仁爱上找原因;对别人的不治,要从自己的智慧和知识水平上找原因;对别人的不礼,要从自身的恭敬上找原因。任何行为如果没有得到预期的效果,孟子认为都要反躬自责,从自己身上找原因。他又举例说:"有人于此,其待我以横逆,则君子必自反也:'我必不仁也,必无礼也,此物奚宜至哉?'其自反而仁矣,自反而有礼矣,其横逆由是也,君子必自反也,'我必不忠'。自反而忠矣,其横逆由是也,君子曰:'此亦妄人也已矣。如此,则与禽兽奚择哉?于禽兽又何难焉?'"(《离娄下》)君子如碰到一人对他蛮横无理,就一定会反躬自问,看自己是否有不仁无礼之处。反省之后找不出自己有什么错处,而那人还是蛮横无理,君子就一定还得再次反省,看自己是否有什么地方不忠。如果反省之后实在找不出自己有什么不忠,而那人还是照样地蛮横,君子这才会停止自己的反省,做到心安理得。孟子以射箭为喻说:"仁者如射:射者正己而后发;发而不中,不怨胜己者,反求诸己而已矣。"(《公孙丑上》)正因君子对问题是"反求诸己",所以他反对只责备别人、不检查自己的做法。他说:"人病舍其田而芸人之田——所求于人者重,而所以自任者轻。"(《尽心下》)"思诚""反求诸己"强调人的主观努力在道德修养中的作用,这是值得肯定的。这种方法,尽管有其时代的局限性,但其蕴含着普遍真理,不失为人们道德修养的重要途径之一。我们今天所谓自我批评、自我检查,其实与孟子的"反求诸己"论有异曲同工之妙。但是,将内心的反求推至极致,忽视外求、格物,也有一定的片面性。

"寡欲"也是孟子所提倡的一种修养方法。孟子说:"养心莫善于寡欲。其为人也寡欲，虽有不存焉者寡矣；其为人也多欲，虽有存焉者寡矣。"(《尽心下》)"欲"指物质欲望；"存"与"不存"指人心中先天固有的仁义礼智"四德"的萌芽的保存与丧失。所谓"多欲"，指过分的物质欲望。"寡欲"指损减物质欲望。孟子认为耳目之官不思，容易受物欲的蒙蔽，让欲望压抑了本心，从而使本性中的"四德"萌芽丧失。因此，要保存仁义之心而不丧失，就必须克制、减损欲望。这是儒家公认的一种修养方法。但孟子是说"寡欲"而不是说"灭欲"，这与宋明理学的"存天理、灭人欲"的禁欲主义主张还是有所不同的。

孟子论"浩然之气"是孟子极富代表性的学说。"它不仅是讲道德教条，而是概括地讲一种精神境界。它不仅是概括地描述了这种精神境界，而且比较详细地阐述了达到这种境界的方法。"①"达到这种境界的方法"实即道德修养方法，这就是孟子的"养气"说。孟子论"浩然之气"是从同其弟子公孙丑论"动心"开始的："公孙丑问曰：'夫子加齐之卿相，得行道焉，虽由此霸王，不异矣。如此，则动心否乎？'孟子曰：'否，我四十不动心。'曰：'若是，则夫子过孟贲远矣。'曰：'是不难，告子先我不动心。'曰：'不动心有道乎？'曰：'有。北宫黝之养勇也：不肤桡，不目逃，思以一豪挫于人，若挞之于市朝；不受于褐宽博，亦不受于万乘之君；视刺万乘之君，若刺褐夫；无严诸侯，恶声至，必反之。孟施舍之所养勇也，曰："视不胜犹胜也；量敌而后进，虑胜而后会，是畏三军者也。舍岂能为必胜哉？能无惧而已矣。"孟施舍似曾子，北宫黝似子夏。夫二子之勇，未知其孰贤，然而孟施舍守约也。昔者曾子谓子襄曰："子好勇乎？吾尝闻大勇于夫子矣：自反而不缩，虽褐宽博，吾不惴焉；自反而缩，虽千万人，吾往矣。"孟施舍之守气，又不如曾子之守约也。'曰：'敢问子之不动心与告子之不动心，可得闻与？''告子曰："不得于言，勿求于心；不得于心，勿求于气。"不得于

---

① 冯友兰：《中国哲学史新编》第2册，人民出版社1983年版，第92页。

心,勿求于气,可;不得于言,勿求于心,不可。夫志,气之帅也;气,体之充也。夫志至焉,气次焉。故曰:"持其志,无暴其气。"既曰"志至焉,气次焉",又曰"持其志,无暴其气"者,何也?'曰:'志壹则动气,气壹则动志也。今夫蹶者趋者,是气也,而反动其心。''敢问夫子恶乎长?'曰:'我知言,我善养吾浩然之气。''敢问何谓浩然之气?'曰:'难言也。其为气也,至大至刚,以直养而无害,则塞于天地之间。其为气也,配义与道;无是,馁也。是集义所生者,非义袭而取之也。行有不慊于心,则馁矣。我故曰,告子未尝知义,以其外之也。必有事焉,而勿正,心勿忘,勿助长也。'"(《公孙丑上》)所谓"不动心"就是不为个人的利害得失而动摇自己的信念,它是"浩然之气"的主要内容。"不动心"的外在表现形式就是"勇",故孟子谈"不动心"之道就谈到了"养勇"。孟子认为,勇有三种:一是血气之勇,只凭气力过人而无所畏惧,此即孟贲之勇。二是志气之勇,不是靠体力,而是靠勇气。此勇又分两种,一种是北宫黝之勇,肌肤被刺不屈挠,眼睛被刺不转睛,既不受辱于贱者,也不屈服于权贵;另一种是孟施舍之勇,战不求以必胜,但败也不气馁。三是大勇,理直气壮之勇。理亏,让于匹夫;理直,不畏于三军。此即曾子之勇。养勇的方法因此也有三:一是靠气力,二是靠志气,三是靠义。这三种方法虽然都能达到"不动心",但境界有高低之分,孟施舍高于孟贲和北宫黝,而曾子又高于孟施舍。孟子自认为他的"不动心"境界本于曾子,同告子的不同。告子的"不动心",其内容又有二:一是"不得于言,勿求于心",无可取之处;二是"不得于心,勿求于气",孟子以为可取。因为志是气的统帅,志到了哪里,气就在哪里表现出来。但是,气也可以"反动其心",动气也会影响到志。而告子的修养方法,只是守志,近于孟施舍的守约,不能算是真正的"不动心"。为此,孟子提出了他的"不动心"之道,即"善养吾浩然之气"说。① 什么是"浩然之气"呢？孟子说它既至大，又至刚，充满天地，但也不是一般的气体。这实际是指一种很高的精神境界或精神状态。孟子认为，这种"浩然之气"也需要养，而"配义与道"就是养浩然之气之法。它包括两方面：一是"明道"，即了解一种义理，并对之确信不移；二是"集义"，即常做他所认为应该做的事。② 此外，还须循序渐进，不能急于求成。为此，孟子讲了一个"揠苗助长"的寓言，说明这种宋人式的"助长""非徒无益，而又害之"。孟子的"养气"说，强调气节，强调修养的主观精神，使人进入了一个不淫于富贵、不移于贫贱，不屈于威武，唯真理是求的高尚境界，影响至深。他的"配义与道"、反对"揠苗助长"式的修养方法论，凝聚着深沉的智慧，在今天对我们仍具有指导作用。

孟子主张"不动心"，强调主体精神对外界物欲的反抗。那是不是他就从根本上否定后天的客观环境对道德修养具有正面作用呢？事实并不是如此。相反，孟子非常重视客观环境对人的磨炼，这主要反映在他的"动心忍性"说里。他说："舜发于畎亩之中，傅说举于版筑之间，胶鬲举于鱼盐之中，管夷吾举于士，孙叔敖举于海，百里奚举于市。故天将降大任于是人也，必先苦其心志，劳其筋骨，饿其体肤，空乏其身行③，拂乱其所为，所以动心忍性，曾益其所不能。"（《告子下》）要达到理想的道德境界，必须要经过"苦其心志，劳其筋骨，饿其体肤，空乏其身行，拂乱其所为"的磨炼，这种磨炼就不仅仅是内省，而是外求了。孟子还说："人之有德慧术知者，恒存乎疾。独孤臣孽子，其操心也危，其虑患也深，故达。"（《尽心上》）"德慧术知"，往往存在经过灾患的人身上；通达事理，是由于"孤臣孽子""操心也危""虑患也

---

① 朱伯崑：《先秦伦理学概论》，北京大学出版社1984年版，第77-78页。
② 冯友兰：《中国哲学史新编》第2册，人民出版社1983年版，第92页。
③ 赵岐注、杨伯峻译注皆于"身"处断句，以"行"属下读。按《荀子》中《王制》两言"正身行"，《富国》一言"正身行"；《王霸》又言"加义乎身行"；《议兵》说"修身正行"；《宥坐》说"修身端行"。由此看"身行"当连读。"空乏其身行"即空其身、乏其行。

深"。这也是肯定后天的艰苦磨难对于道德修养的积极作用。

　　孟子认为,经过这样的历练,才能成就理想的道德人格,也就是"大丈夫"。他说:"居天下之广居,立天下之正位,行天下之大道。得志,与民由之;不得志,独行其道。富贵不能淫,贫贱不能移,威武不能屈,此之谓大丈夫。"(《滕文公下》)要成为不淫于富贵、不移于贫贱、不屈于威武的"大丈夫",就必须"居仁由义",自觉遵守仁义礼智这些道德规范,在艰难困苦的恶劣条件下也不受邪恶环境的影响。马克思说:"有一种唯物主义学说,认为人是环境和教育的产物,因而认为改变了的人是另一种环境和改变了的教育的产物——这种学说忘记了:环境正是由人来改变的,而教育者本人一定是受教育的。"[1]环境固然能影响道德观念,但一个道德高尚的人只要努力发扬主体能动性,坚守正确的道德原则,不向恶劣环境屈服,不为物欲动摇,也能有效地改变客观环境,创造理想的道德生活条件。孟子就是在这一点上建立起他的信心,顽强地展开了他的道德修养理论,推出了他的仁政学说。

---

　　① 马克思:《关于费尔巴哈的提纲》,《马克思恩格斯全集》第3卷,人民出版社1995年版,第3—6页。

第四章　仁政王道

以不忍人之心，行不忍人之政，治天下可运之掌上。

——《公孙丑上》

　　孟子继承和发展了孔子"仁"的学说，特别是其德治、举贤才和富而后教的思想，提出了独具特色的仁政学说。仁政学说是孟子思想的中心内容，是孟子为之奋斗了一生的政治理想。尽管这一学说在当时被视为"迂远而阔于事情"，得不到实现，但由于其包含着许多真理性的命题，因而对后来的中国社会产生了巨大而深远的影响。在中国封建社会中，一切非儒家的派别都敌不过儒家，儒家始终保持一尊的地位。儒家思想成为传统社会的正统思想，和孟子的这种仁政学说应该有着密切的关系。

　　下面，我们从王霸之辨、经济理论、政治理论三个方面，来分析和探讨孟子仁政学说的内涵和价值。

第一节　王霸之辨

　　战国中期，中国正处在由奴隶制向封建制转变的关键时刻。当是之时，"天下方务于合纵、连横，以攻伐为贤"（《史记·孟子荀卿列传》）。残酷的兼并战争"杀人盈城""杀人盈野"，造成了严重的社会动乱。百姓"仰不足以事父母，俯不足以畜妻子，乐岁终身苦，凶年不免于死亡"（《梁惠王上》），而统治者过着"庖有肥肉，厩有肥马"的奢侈生活，"狗彘食人食而不知检，涂有饿莩而不知发"（《梁惠王上》）。孟子敏锐地发现，当时的社会是"王者之不作，未有疏于此时者也；民之憔悴于虐政，未有甚于此时者也"（《公孙丑上》）。因此，天下人都希望结束这种诸侯异政、七霸争雄的分裂局面，实现国家的安定统一。

孟子明确地主张天下统一。他见梁襄王时，襄王突然向他发问：天下怎样才能安定呢？他毫不犹豫地回答："定于一。"（《梁惠王上》）就是说，社会的安定在于天下统一。但是，究竟如何实现天下统一这一目标呢？当时以儒法两家为代表，存在着两种截然不同的统一观，这就是"王道"和"霸道"。

什么是"王道"，什么是"霸道"呢？孟子有他的一套理论。他说："以力假仁者霸，霸必有大国；以德行仁者王，王不待大——汤以七十里，文王以百里。以力服人者，非心服也，力不赡也；以德服人者，中心悦而诚服也，如七十子之服孔子也。"（《公孙丑上》）"霸道"就是"以力服人者"，即依靠武力、刑罚去压服人而驱民于战，通过兼并战争而实现统一。这种政治路线的代表是商鞅、吴起等人。"王道"就是"以德服人"，不诉诸武力，而依靠其仁德的感召力使万民来服、万国来朝，就像孔子的七十弟子对孔子一样"中心悦而诚服"。这种"以德服人"的"王道"，实际就是"仁政"。它的基本要义就是将敬老慈幼这一套道德原则由近及远推广到全体社会成员身上，由此去争取人民的服从和拥护。对这种"仁政"的内容及其实施过程，孟子作了清楚的说明。他说："亲亲，仁也；敬长，义也。"（《尽心上》）"人人亲其亲、长其长，而天下平。"（《离娄上》）只要每一个人都亲近自己的父母、敬重自己的兄长、遵守仁义这些道德原则，社会就会和谐一致，从而实现天下太平。为什么呢？因为："老吾老，以及人之老；幼吾幼，以及人之幼。天下可运于掌。《诗》云：'刑于寡妻，至于兄弟，以御于家邦，言举斯心加诸彼而已。故推恩足以保四海，不推恩无以保妻子。"（《梁惠王上》）尊敬自己家里的长辈，从而推广到尊敬别人家里的长辈；爱护自己家里的小孩,从而推广到爱护别人家里的小孩。如果一切政治措施都能这样,有推己及人之心,统一天下就轻而易举了。《诗经》上说的先给妻子做好榜样,再推广到兄弟,再进而推广到封邑和国家,就是指的这种"推恩"思想。所以,能够这样由近及远地推恩于人,就足以安定天下;不这样,就连自己的妻子儿女都保护不了。孟子又说:"人皆有不忍人之心。先王有不忍之心,斯有不忍人之政矣。以不忍人之心,行不忍人之政,治天下可运之掌上。"(《公孙丑上》)"不忍人之心"即对人的同情心,孟子认为它是"仁之端也"。将这种"不忍人之心"推广到治国理政中去,就会催生"不忍人之政"。"不忍人之政"即"仁政"。在孟子看来,实行这种"不忍人之政",治天下不在话下,就好像在手掌中翻转东西一样容易。

从这些论述来看,我们可知:第一,仁政的实行有其心理根据,它以人对自己亲人的爱心和对别人不幸的同情心为依据,孟子以为这是先天存在于人性之中的。这就是说,孟子的仁政学说是以其性善论和天赋道德论作为理论依据的。第二,孟子认为实施仁政的过程就是一个由己及人、由近及远的推恩过程,这是以其家国同构论为基础的。第三,仁政的目的在于"保四海""治天下",是为其"王天下"的理想服务的,"仁政"是"王天下"的充分必要条件。

所以,对于梁惠王"孰能一之"的提问,孟子回答道:"不嗜杀人者能一之。"(《梁惠王上》)只有不爱好杀人的君主,即能实行仁政的君主,能统一天下。为什么呢?孟子回答:"今夫天下之人牧,未有不嗜杀人者也。如有不嗜杀人者,则天下之民皆引领而望之矣。诚如是也,民归之,由水之就下,沛然谁能御之?"(《梁惠王上》)天下的百姓都厌恶争城夺地的杀人之战,而天下的君主却没有一个不好杀人之战的。假如有一位不好杀人的君主出现,他就一定能得到老百姓的拥护,没有人能阻拦他统一天下。

从"仁政"观出发,孟子尊王贱霸,对古今的"霸道"进行了理性批判。《梁惠王上》记载："齐宣王问曰：'齐桓、晋文之事可得闻乎？'孟子对曰：'仲尼之徒无道恒、文之事者，是以后世无传焉，臣未之闻也。无以，则王乎？'曰：'德何如则可以王矣？'曰：'保民而王，莫之能御也。'""齐桓、晋文之事"指的是齐桓公、晋文公的霸业，齐宣王对此感兴趣，表明他热衷霸道。孟子提倡王道，反对霸道，故巧妙地岔开话题，吸引齐宣王来讲王道。王道是什么呢？就是"保民"，即推恩于百姓，实行仁政。孟子认为以此来统一天下，没有谁能够抵御。而各国诸侯的争霸战，是违背仁义的非正义战争，所以他说："春秋无义战。彼善于此，则有之矣。征者，上伐下也，敌国不相征也。"（《尽心下》）春秋时代没有正义战争。尽管有稍微好一点的，如齐桓公、晋文公之类所发动的战争，但从本质上而言，都是诸侯间的争霸兼并战争，所以不值得肯定。而当时的诸侯争战，又更加不义。他说："五霸者，三王之罪人也；今之诸侯，五霸之罪人也；今之大夫，今之诸侯之罪人也。"（《告子下》）为什么给"今之诸侯""今之大夫"以如此恶评？孟子分析了他们进行兼并战争的理由，揭示了其罪恶："今之事君者皆曰：'我能为君辟土地，充府库。'今之所谓良臣，古之所谓民贼也。君不乡道，不志于仁，而求富之，是富桀也。'我能为君约与国，战必克。'今之所谓良臣，古之所谓民贼也。君不乡道，不志于仁，而求为之强战，是辅桀也。由今之道，无变今之俗，虽与之天下，不能一朝居也。"（《告子下》）当时的所谓良臣，以富国强兵称能，孟子却斥之为"民贼"。因为他们不向往德治、无意于仁政，其所谓"富国"，实际是为夏桀式的暴君实行霸道提供富足的钱粮；其所谓"强战"，实际是为夏桀式的暴君实行霸道效死。所以，从本质上来说，他们是残民以逞的"罪人"。孟子认为，按照霸道治国平天下，不改变这种轻视仁义崇尚武力的风俗习惯，即使得到了天下，也是一天也坐不稳的。这一预言，已为历史所证实，秦王朝的迅速灭亡，就是一个有力的证明。

　　这一思想，又见于《离娄上》："君不行仁政而富之，皆弃于孔子者也,况于为之强战?争地以战,杀人盈野;争城以战,杀人盈城。此所谓率土地而食人肉,罪不容于死。故善战者服上刑,连诸侯者次之,辟草莱、任土地者次之。"不实行仁政而去追求富国、强兵,都是违背孔子之教的行为,其中又以强战一项罪恶最大。争地争城而战,被杀死的人漫野遍城,这实际是为了土地而吃人肉,所以好战者的罪恶之大,判处死刑也不够,应该受最重的刑罚;从事合纵连横的该受次一等的刑罚;开垦草莽尽地力的人该受再次一等的刑罚。

对为霸道效力的耕战,孟子是如此的鄙视,那是不是对所有的耕战,孟子都一概否定呢?事实并非这样。相反,孟子提倡为正义而战,肯定仁义之师。他说:"地方百里而可以王。王如施仁政于民,省刑罚,薄税敛,深耕易耨;壮者以暇日修其孝悌忠信,入以事其父兄,出以事其长上,可使制梃以挞秦、楚之坚甲利兵矣。彼夺其民时,使不得耕耨以养其父母。父母冻饿,兄弟妻子离散。彼陷溺其民,王往而征之,夫谁与王敌?故曰:'仁者无敌。'"(《梁惠王上》)"深耕易耨"说明孟子并不忽视农耕;"往而征之"当然要出动兵力;"仁者无敌"实际是说仁义之师所向无敌、百战百胜。由此看,孟子也主张耕战,不过是为"王道"服务的耕战。他认为为了实行王道而兴仁义之师,小可以敌大,弱可以敌强,"可使制梃以挞秦、楚之坚甲利兵"。

为了实现王道,孟子劝齐宣王"好勇":"《诗》云:'王赫斯怒,爰整其旅,以遏徂莒,以笃周祜,以对于天下。'此文王之勇也。文王一怒而安天下之民。《书》曰:'天降下民,作之君,作之师,惟曰其助上帝宠之。四方有罪无罪惟我在,天下曷敢有越厥志?'一人衡行于天下,武王耻之。此武王之勇也。而武王亦一怒而安天下之民。今王亦一怒而安天下之民,民惟恐王之不好勇也。"(《梁惠王下》)孟子赞扬文王伐密之战、武王伐纣之战,认为"一怒而安天下之民"是为仁义之大勇,劝齐宣王向文王、武王学习,为实现"王道"而"好勇"。所以,这里的"好勇"实际是好仁义之勇,是孟子对正义战争的肯定。

什么是仁义之师、正义战争呢？孟子在与齐宣王讨论"齐人伐燕"时，对其内涵进行了阐发。他说："取之而燕民悦，则取之。古之人有行之者，武王是也。取之而燕民不悦，则勿取。古之人有行之者，文王是也。以万乘之国伐万乘之国，箪食壶浆以迎王师，岂有他哉？避水火也。如水益深，如火益热，亦运而已矣。"（《梁惠王下》）又说："臣闻七十里为政于天下者，汤是也。未闻以千里畏人者也。《书》曰：'汤一征，自葛始。'天下信之，东面而征，西夷怨；南面而征，北狄怨，曰：'奚为后我？'民望之，若大旱之望云霓也。归市者不止，耕者不变，诛其君而吊其民，若时雨降。民大悦。《书》曰：'徯我后，后来其苏。'今燕虐其民，王往而征之，民以为将拯己于水火之中也，箪食壶浆以迎王师。若杀其父兄，系累其子弟，毁其宗庙，迁其重器，如之何其可也？"（《梁惠王下》）孟子认为，伐不伐燕，取不取燕，要视燕国老百姓的态度而定。老百姓欢迎，就可伐可取；老百姓反对，既不能伐，也不能取。为什么呢？因为仁义之师的目的不是为了谋取一己之私利，而是为了拯民于水火，是从老百姓的利益出发的。其内容是"诛其君而吊其民"，诛杀其虐民的暴君而抚慰被残害的百姓，而不会损害老百姓的利益，做买卖的照常来往，种庄稼的照常下地。这样，老百姓就会"箪食壶浆"来迎接王师。历史上汤伐葛、文王伐崇伐密、武王伐商，就是如此。如果从一己之私利出发，"杀其父兄，系累其子弟，毁其宗庙，迁其重器"，就是违背王道而行霸道，这样是以暴易暴，对燕国的老百姓来说，如水益深，如火益热，势必会遭到百姓的反抗。由此可知，孟子肯定的战争，是"诛其君而吊其民"、拯民于水火的仁义之师，而非争城扩地的兼并战争。

仁是判断战争性质的标准，更是修齐治平的充分必要条件。孟子对此作了大量的论证："三代之得天下也以仁，其失天下也以不仁。国之所以废兴存亡者亦然。天子不仁，不保四海；诸侯不仁，不保社稷；卿大夫不仁，不保宗庙；士庶人不仁，不保四体。今恶死亡而乐不仁，是犹恶醉而强酒。"(《离娄上》)小到老百姓身体四肢的能否保全,大到天子天下的得失,都取决于其能否做到仁。孟子强调:"尧舜之道,不以仁政,不能平治天下。"(《离娄上》)又说:"不仁而得国者,有之矣;不仁而得天下者,未之有也。"(《尽心下》)孟子认为,凭借武力,实行霸道,可以得国而成霸业;但若要统一天下,则不可能,因为只有仁政才能达到这一理想。

孔子主张"礼乐征伐自天子出",将恢复西周礼乐制度的希望寄托在周天子身上。而孟子所谓王道,从三代失天下的事实出发,认为当今诸侯,只要谁能实行仁政,谁就能取周天子而代之,这一点他和孔子颇有不同。对于齐国,孟子充满了信心,说:"以齐王,由反手也。"(《公孙丑上》)他认为当今由齐国来统一天下,易如反掌。为什么呢?孟子分析曰:"齐人有言曰:'虽有智慧,不如乘势;虽有镃基,不如待时。'今时则易然也:夏后、殷、周之盛,地未有过千里者也,而齐有其地矣;鸡鸣狗吠相闻,而达乎四境,而齐有其民矣。地不改辟矣,民不改聚矣,行仁政而王,莫之能御也。且王者之不作,未有疏于此时者也;民之憔悴于虐政,未有甚于此时者也。饥者易为食,渴者易为饮。孔子曰:'德之流行,速于置邮而传命。'当今之时,万乘之国行仁政,民之悦之,犹解倒悬也。故事半古之人,功必倍之,惟此时为然。"(《公孙丑上》)这是说,齐国占有王天下的"势""时"之利。齐国地过千里,为万乘之国,人口众多,非古时的夏、商、周最兴盛的时代可比,这是可乘之势;而统一天下的贤君不出现的时间,从来就没有这么久过;老百姓被虐政所害的程度,从来就没有这么强烈过。他们欢迎仁政,就像被吊挂的人盼望谁来解脱他们一样,这是最好的可乘之机。孟子认为,如果此时齐国实行仁政而王天下的话,没有谁能够抗拒,一定会收到事半功倍的效果。为此,他劝说齐宣王接受他的仁政主张,说:"王之不王,不为也,非不能也。"(《梁惠王上》)并举例说:"挟太山以超北海,语人曰:'我不能。'是诚不能也。为长者折枝,语人曰:'我不能。'

是不为也,非不能也。故王之不王,非挟太山以超北海之类也;王之不王,是折枝之类也。"(《梁惠王上》)

为什么王天下竟如"为长者折枝"一般容易呢?孟子自有他的道理:"今王发政施仁,使天下仕者皆欲立于王之朝,耕者皆欲耕于王之野,商贾皆欲藏于王之市,行旅皆欲出于王之涂,天下之欲疾其君者皆欲赴愬于王。其若是,孰能御之?"(《梁惠王上》)实行仁政,以德服人,能使天下做官的、种地的、行商坐贾、来往的旅客、告状的都归心于齐,这样,就没有谁能够阻挡齐国王天下的大势。这种认识是建立在"人和"(即民心)为王天下之本、而仁政又为争取"人和"之本的基础上的。对此,孟子有一番精彩的议论:"天时不如地利,地利不如人和。三里之城,七里之郭,环而攻之而不胜。夫环而攻之,必有得天时者矣;然而不胜者,是天时不如地利也。城非不高也,池非不深也,兵革非不坚利也,米粟非不多也;委而去之,是地利不如人和也。故曰:域民不以封疆之界,固国不以山谿之险,威天下不以兵革之利。得道者多助,失道者寡助。寡助之至,亲戚畔之;多助之至,天下顺之。以天下之所顺,攻亲戚之所畔;故君子有不战,战必胜矣。"(《公孙丑下》)"天时""地利""人和"三者相比较,孟子认为最重要的是"人和"。这种"人和"就是指人心所向、内部团结。争取"人和"就在于"得道",实行仁政。这样到了极致,就会达到"天下顺之",即得到整个天下的"人和"。而"失道"的人很少有人会帮助他,发展到极点,连他的亲戚都会背叛他。所以,君子以全天下顺从的力量去攻打连自己的亲戚都反对的人,其胜利就是必然的。

孟子这种思想从原则上讲无疑是正确的,弱小而新生的社会力量战胜强大而腐朽的社会力量,能否"得道",能否达到"多助之至",是取得胜利的必要条件。但是,能否取得全天下的支持,还有种种复杂的因素。尽管孟子有一套实施仁政的具体政治、经济方案,但这些方案总的来说都缺乏操作性,过于理想化。所以,孟子的王道论尽管对后来的圣君贤臣影响很大,产生了深远的历史影响,被历史证明具有普遍的真理性;但在战国这一历史条件下,却始终没有被当权者所采纳,没有被变成现实的政治、经济政策。

第二节　以民有恒产为中心的经济理论

孟子不但提出和论证了"行仁政而王"的主张,还具体地提出了实施仁政的经济、政治政策。

孟子仁政首重经济,他的仁政论的具体内容,大部分都是关于经济问题的。因此,他的经济思想是其仁政学说的一个重要组成部分。

孟子经济思想的主要内容是其置民恒产论。恒即久,恒产意为恒久不变的财产,即为私人所有或归私人固定支配的财产。孟子认为,要实行仁政,首先就必须由国家向老百姓提供一份赖以生存的、为生活所必需的产业作为物质基础。这是在齐宣王向他表示"愿夫子辅吾志,明以教我。我虽不敏,请尝试之"的情况下提出来的。齐宣王为孟子的仁政理论所打动,希望孟子辅佐他,尝试着实施仁政,孟子首先就提出了此说:"无恒产而有恒心者,惟士为能。若民,则无恒产,因无恒心。苟无恒心,放辟邪侈,无不为已。及陷于罪,然后从而刑之,是罔民也。焉有仁人在位罔民而可为也?是故明君制民之产,必使仰足以事父母,俯足以畜妻子,乐岁终身饱,凶年免于死亡;然后驱而之善,故民之从之也轻。今也制民之产,仰不足以事父母,俯不足以畜妻子;乐岁终身苦,凶年不免于死亡。此惟救死而恐不赡,奚暇治礼义哉?王欲行之,则盍反其本矣:五亩之宅,树之以桑,五十者可以衣帛矣。鸡豚狗彘之畜,无失其时,七十者可以食肉矣。百亩之田,勿夺其时,八口之家可以无饥矣。谨庠序之教,申之以孝悌之义,颁白者不负戴于道路矣。老者衣帛食肉,黎民不饥不寒,然而不王者,未之有也。"(《梁惠王上》)孟子认为,只有使老百姓上足以赡养父母,下足以抚养妻儿,好年成能丰衣足食,坏年成也不致饿死,有了这样足以维持个人及家属生活的"恒产",老百姓才能"驱而向善",易于接受统治。如果提供给老百姓的产业使他们活都活不下去,老百姓养活自己都还来不及,还哪有时间、哪有可能来学习和实行礼义呢?因此,他提出了"民之为道也,有恒产者有恒心,无恒产者无恒心"(《滕文公上》)的著名论点。孟子的置民恒产论,尽管主观上是为了推行其仁政学说,为统治者的治民着想,但在客观上承认了被统治者反抗剥削压迫的天然合理性,揭示出君与民的关系不是一种绝对的服从与被服从的关系,而是一种相互的关系。他批评统治者的"罔民"政策,闪烁着民主性的光辉。从哲学上讲,孟子能从人们的物质生活条件入手来分析人们的政治生活,具有朴素的唯物史观。

孟子制民恒产的内容如何呢?所谓"恒产",具体地说是指维持一个八口之家(包括一个男丁和他的父、母、妻以及四个子女)的农户的生活所需要的耕地、住宅以及其他农副业生产资料。它们是百亩之田,五亩之宅,若干株桑树以供养蚕织帛,还有若干鸡、猪、狗等家畜。孟子认为,有了这种"恒产",老年人有丝绵衣穿,有肉吃,一般人不冻不饿,仁政的基础也就奠定了。孟子所描画的这种"恒产"方案,明显是自然经济下个体农户的生活。那些认定孟子鼓吹复辟奴隶制的论点,显然是将这种"恒产"方案当成了奴隶的生活,奴隶能普遍过上这种"老者衣帛食肉,黎民不饥不寒"的日子,能够拥有"五亩之宅""百亩之田",这岂不是一种讽刺吗?应该指出,孟子的这恒产方案并非他一时心血来潮的产物,而是他的一贯主张。他不仅对齐宣王提过,对梁惠王也提过(见《梁惠王上》),而且还借伯夷之口说这是周文王的为政措施(《尽心上》)。所以,这种"恒产"论可以看成是孟子经济思想的核心。

为了实施民有恒产的计划,孟子又提出了恢复井田制的主张。他对滕文公说:"请野九一而助,国中什一使自赋。卿以下必有圭田,圭田五十亩；余夫二十五亩。死徙无出乡，乡田同井，出入相友，守望相助，疾病相扶持，则百姓亲睦。方里而井，井九百亩，其中为公田。八家皆私百亩，同养公田；公事毕，然后敢治私事，所以别野人也。此其大略也；若夫润泽之，则在君与子矣。"（《滕文公上》）这一段话的要点如下：第一，把耕地划为九块，形如"井"字，每井九百亩，每块百亩，中间的百亩为"公田"，周围的八百亩分给八家农户作为私田，使八家"皆私百亩"。第二，八家农户提供劳力地租，"同养公田"即共同耕作公田，在完成公田的耕作任务后，才允许干自己私田上的农活，即"公事毕，然后敢治私事"。第三，各农户"死徙无出乡"，永不离开家乡，并按井编组，"出入相友，守望相助，疾病相扶持，互相友爱，互相帮助。一有盗贼，共同防御；一有疾病，互相照顾，形成一个亲爱和睦的小农经济社区。第四，这种"九一而助"的井田制度只适用于"野"，即远离城市的农村；至于"国中"，即城内和近郊，则不划井地而实行"什一而使自赋"，即由土地的所有者自己向国家缴纳十分之一的实物地租。第五，这种井田制度还得"润泽之"，根据实际情况进行适度调整。为什么呢？因为土质有腴瘠之分，每户人口又有多寡之别。古时田地土质的膏腴瘦瘠分为五等，即上、上次、中、中次、下。下等的田地，耕种百亩之所得，只足供五口之家食用；上等的田地，耕种百亩之所得，可供九口之家食用。因此，一定得视每户人口的多寡和土地肥瘠的不同，作适当的规划安排，斟酌分配。

孟子对实行井田制非常重视，他说："夫仁政，必自经界始。经界不正，井地不钧，谷禄不平，是故暴君污吏必慢其经界。经界既正，分田制禄可坐而定也。"（《滕文公上》）"正经界"即划分井地的田界。孟子认为这是仁政的起点。因为田界划分得不正确，井田的大小就不均匀，这势必会影响君子们的谷禄收入，引起种种政治争端。井田的地界划分正确后，井田的分配和官吏俸禄的制定就可轻易地得到解决，这样，就有了一个稳定的政通人和的基础。井田制度有多种形式，"夏后氏五十而贡，殷人七十而助,周人百亩而彻"(《滕文公上》)。夏代每家五十亩地实行"贡"法,即交纳实物地租;殷代每家七十亩地实行"助"法,即交纳劳役地租;周代每家百亩地而实行"彻"法,即在野用助,国中用贡,劳役地租和实物地租并行。①孟子认为在野实行"助"法最好,他说:"龙子曰:'治地莫善于助,莫不善于贡。'贡者,校数岁之中以为常。乐岁,粒米狼戾,多取之而不为虐,则寡取之;凶年,粪其田而不足,则必取盈焉。为民父母,使民盻盻然,将终岁勤动,不得以养其父母,又称贷而益之,使老稚转乎沟壑,恶在其为民父母也?"(《滕文公上》)贡法这种实物地租是定额的,"校数岁之中以为常",不以年成的丰歉而有所不同。丰岁时,粮食充足,多征收一点也不算苛暴,可是依贡法却不能多收。灾荒年月,每家的收获量甚至还不够第二年耕田的费用,依贡法也非得收满定数不可。而助法这种劳役地租却不同,丰年公田收获多,灾年收获少。所以孟子引用龙子的话,认为对于种地的野人(即农民)来说,贡法是最不好的纳税方式,而助法则是最好的纳税方式。因为助法有利于调动农民的积极性,限制杀鸡取卵式的剥削,避免出现农民乐岁与灾年租税负担苦乐不均的现象。此外,孟子赞成"治地莫善于助",可能与他察觉了"贡"法的厚税敛弊端有关。制定田租标准,难以做到"相地而衰征"。实物租税本来是按亩产的一定比例抽取,但由于亩产不可能一亩一亩地去衡量,只能大致估计,这样就容易高估亩产使百姓的租额随之上升,使实际负担超出什一之税。而如果实行助法,将农民的私田与国家的公田从地域上分离出来,二者界线分明,暴君污吏就难以再做手脚。②

但是,尽管孟子用心良苦,他的"治地莫善于助"的主张却是统治者不可能接受的。这是因为:一,由于生产力的发展,这种"方里而井,井九百里,其中为公田"的生产方式已远远不能适应农业生产发展的需要了。二,农民与统治者有着根本的利益冲突,"今以众地者,公作

① 金景芳:《中国奴隶社会史》,上海人民出版社 1983 年版,第 135 页。
② 周国林:《关于孟子"助法"思想的评价》,《孔子研究》1990 年第 1 期。

则迟,有所匿其力也;分地则速,无所匿迟也"(《吕氏春秋·审分》)。农民勤于私田,无心于公田,公田的收获自然不如私田。且丰岁多征,统治者自然乐意,但灾年少征,统治者就未必能够接受了。

孟子认为纳税方式可以有三种,但是他反对厚税敛、诸税并用。他说:"有布缕之征,粟米之征,力役之征。君子用其一,缓其二。用其二而民有殍,用其三而父子离。"(《尽心下》)"布缕之征"即征收布帛的赋税,"粟米之征"即征收谷米的赋税,它们都是实物税。"力役之征"即征发人力的赋税,是劳役税。孟子主张"用其一,缓其二",就是说对同一纳税人不要同时用两种方式征课,而不是说不可同时用两种方式征课。比如,他对"野人"主张"助而不税",即只有"力役之征"而不再课以"布缕之征"或"粟米之征";对"国人",则主张"什一使自赋",即只有"粟米之征"或"布缕之征"而不再课以"力役之征"。孟子认为同时征收两种或三种税,就会出现老百姓饿死或父子相离弃的惨剧。这就鲜明地表达了他的薄赋敛的思想。

对于税率,孟子坚持西周时通用的什一之税,既反对增加,也反对减少。这一观点主要见于他与宋国大夫戴盈之、魏国大夫白圭的辩论中。

《滕文公下》记载:"戴盈之曰:'什一,去关市之征,今兹未能,请轻之,以待来年,然后已,何如?'孟子曰:'今有人日攘其邻之鸡者,或告之曰:"是非君子之道。"曰:"请损之,月攘一鸡,以待来年,然后已。"——如知其非义,斯速已矣,何待来年?'"

《告子下》记载:"白圭曰:'吾欲二十而取一,何如?'孟子曰:'子之道,貉道也。万室之国,一人陶,则可乎?'曰:'不可,器不足用也。'曰:'夫貉,五谷不生,惟黍生之;无城郭、宫室、宗庙、祭祀之礼,无诸侯币帛饔飧,无百官有司,故二十取一而足也。今居中国,去人伦,无君子,如之何其可也?陶以寡,且不可以为国,况无君子乎?欲轻之于尧、舜之道者,大貉、小貉也;欲重之于尧、舜之道者,大桀、小桀也。'"

孟子认为，夏代的"贡"，殷代的"助"，周代的"彻"，"其实皆什一也"，都是实行十分之一的税率。所以他坚持先王之法，反对变动税率。增加税率的，他认为是同暴君夏桀一样的行为。当宋国大夫戴盈之告诉他今年还不能将税率降低到什一的水平，要等到明年才能完全实行，对这种知过而不能速改的行为，他以偷鸡为喻，揭露其虚伪和荒谬。魏国大臣白圭想把税率降到二十分之一，同他商量，他立即表示反对，认为这是"貉道"，即北方少数民族的税法。为什么呢？他认为什一税是保证社会文明所必需的，如果低于这种税率，就会造成"去人伦，无君子"的局面，因此他将低于什一的税率称之为"大貉""小貉"。

从孟子对税率的议论可以看出，孟子既反对对百姓过分剥削，也反对否认阶级之间的差别。他衡量是非的标准，主要是先王之制、尧舜之道。对于具体的数字问题，孟子并没有认真地去追究，只以大略言之，以致将十分取一的"彻"法和"九一而助"的"助"法都说成是什一之税。

孟子不但主张减轻百姓负担，而且注意发展生产，具有可持续发展的长远眼光。他说："不违农时，谷不可胜食也；数罟不入洿池，鱼鳖不可胜食也；斧斤以时入山林，材木不可胜用也。谷与鱼鳖不可胜食，材木不可胜用，是使民养生丧死无憾也。养生丧死无憾，王道之始也。"(《梁惠王上》)孟子认为，农、林、牧、副、渔的生产都必须适时，同时又要保养资源，才能收到最大的生产功效，享有长远的经济利益。这一论述，即使在今天也依然具有深刻的现实意义。

他还说："五亩之宅，树墙下以桑，匹妇蚕之，则老者足以衣帛矣。五母鸡，二母彘，无失其时，老者足以无失肉矣。百亩之田，匹夫耕之，八口之家足以无饥矣。所谓西伯善养老者，制其田里，教之树畜，导其妻子使养其老。"(《尽心上》)又说："天子适诸侯曰巡狩，诸侯朝于天子曰述职。春省耕而补不足，秋省敛而助不给。"(《告子下》)所谓"西伯善养老"的具体内容是"制其田里，教之树畜"，就是说统治者要培育尊老的社会风俗，不但要配给老百姓以田地、住宅，还要教导人民种植、畜牧。此外，统治者还要考察老百姓的生产情况，随时协助他们，做到"春省耕而补不足，秋省敛而助不给"，即春天考察耕种的情况，补助不足的人；秋天考察收获情况，周济不够的人，以确保产量丰足。

在先秦诸子中，关于社会分工、交换和商品价值的论述，孟子是最为精彩的。孟子有代表性的观点，主要见于《滕文公上》中关于孟子同陈相辩论的记载。当时有位自称是"为神农之言"的学者许行，带了几十个门徒，都穿着粗麻织成的衣服，以打草鞋、织席子为生活。他们从楚国来到滕国，主张"贤者与民并耕而食，饔飧而治"，要求社会上每一个人都自己生产所需物资，并主张统治者与百姓一起从事生产劳动，不得厚取百姓以奉养自己。陈良之徒陈相及其弟陈辛见了许行，非常高兴，全部抛弃以前的学说而向许行学习。陈相来看孟子，转述许行学说道："贤者与民并耕而食，饔飧而治。""从许子之道，则市贾不贰，国中无伪；虽使五尺之童适市，莫之或欺。布帛长短同，则贾相若；麻缕丝絮轻重同，则贾相若；五谷多寡同，则贾相若；屦大小同，则贾相若。"孟子与陈相进行了激烈的辩论，全面驳斥了许行的学说。孟子首先从社会分工、交换的必要性方面批判了许行否定社会分工、交换的错误观点。他抓住许行以粟易冠、以粟易釜甑与铁而不能自制全部生活必需品这一事实，说："以粟易械器者，不为厉陶冶；陶冶亦以其械器易粟者，岂为厉农夫哉？且许子何不为陶冶，舍皆取诸其宫中而用之？何为纷纷然与百工交易？何许子之不惮烦？"农民以粮食去交换器具，不能说是损害了陶冶工人；陶冶工人用器具来交换农民的粮食，也不能说是损害了农夫。农业和手工业分工，农民和手工业工人各自用自己的产品进行交换，在孟子看来，这完全是一种"通工易事"，而不是谁剥削谁。因此，他凌厉地反诘：既然许子主张自耕自食，反对产品交换，那么他为什么又要去以粟易冠、以粟易釜甑和铁制农具呢？陈相只好承认："百工之事固不可耕且为也。"各种工匠的工作本来不是一面耕种一面能同时干得了的。在陈相承认了农业和手工业分工、产品交换的必要性之后，孟子进而提出了他的主张："然则治天下独可耕且为与？有大人之事，有小人之事。且一人之身，而百工之所为备，如必自为而后用之，是率天下而路也。故曰：或劳心，或劳力；劳心者治人，劳力者治于人；治于人者食人，治人者食于人，天下之通义也。"治天下与百工之事一样，是不能一边耕种一边又能同时干得了的。可见人类社会必须有分工，必须得有官吏之事，也必须得有百姓之事。只要是一个人，那么各种工匠的产品就都不可缺少。如果坚持每一样东西都自己制造，这实际就是使文明社会倒退到极其落后的原始社会去。由此，孟子得出一个结论：人类社会既要有劳心的脑力劳动者，又要有劳力的体力劳动者；脑力劳动者统治人，体力劳动者被人统治；被统治者养活别人，统治者靠人养活。他认为这是通行天下的共同原则。

孟子从人的社会性出发，肯定了社会分工和交换的必要性，而且认为脑力劳动同体力劳动的分工与农业同手工业的分工一样，都是一种"通工易事"的关系。这种观点又见于《滕文公下》中所记载的他与彭更的辩论。彭更认为"士无事而食，不可也"，孟子反驳说："子不通功易事，以羡补不足，则农有余粟，女有余布；子如通之，则梓匠轮舆皆得食于子。于此有人焉，入则孝，出则悌，守先王之道，以待后之学者，而不得食于子；子何尊梓匠轮舆而轻为仁义者哉？"这对社会分工的价值也是一种透彻的分析。"通功易事"即相互交换，孟子认为这对工人和农民都是有利的。否则，农民有余粮卖不出去，妇女有余布也无法换到必需的生活用品。而手工业工人也只有通过交换才能取得粮食和布匹。工农分工交换而各得其利。而"为仁义"的"劳心者"也同样如此，也是社会的不同分工，他们所从事的事业也是为社会所必需的。因此，人们不但不能轻视他们，而且还必须懂得"劳心者治人，劳力者治于人；治于人者食人，治人者食于人"这一"天下之通义"。这样，孟子就从生产分工的必然性推导出阶级分工的必然性。

对孟子这一思想该如何评价呢？过去有学者指责孟子以社会分工来掩盖阶级对立，这一观点指出孟子此说的阶级局限性，有一定的道理。但是，我们不应该忽视孟子学说中所蕴含的普遍性真理，我们应该用更宽、更远的视角来审视孟子的这一观点。

首先，我们应看到"劳心"和"劳力"的分工是人类社会发展的必然产物。人类由以狩猎为主的原始社会进入到农业社会，经济能力有了较大的提高。人们终年劳动所得，除了维护自身的最低生活之外，尚有余裕。这就产生了社会管理的需要，出现了脱离生产而专门从事管理工作的少数人，这就是"劳心者"。"劳心者"的出现，也就是"脑力劳动"与"体力劳动"分工的出现，是人类社会第一次重大的分工。随着人类社会的发展和商品经济的扩大，劳心和劳力的分工逐渐成为社会化的分工。劳心者掌握了经济和政治上的特权而成为统治者，而劳力者则成为被统治者。人类社会劳心与劳力的分工，促使人类社会阶级对立的出现；而阶级对立的出现又巩固了劳心和劳力的分工。这两者的关系本是一而二、二而一的。孟子在前人的基础上①，提出了比较完整的社会分工论，这是孟子在社会和经济理论上的一大贡献。

其次，我们应看到"劳心"和"劳力"的分工推动了人类文明的发展。东方和西方都有过灿烂的文明，这些文明的产生与劳心、劳力的分工有着直接的联系。只有当一部分人从沉重的体力劳动中解脱出来，才有可能有时间和精力去从事社会领域和自然领域的研究和探索工作，这样才产生了古希腊文明和我国春秋战国时期的百家争鸣，才出现了苏格拉底、柏拉图、亚里士多德、孔子、孟子、荀子、老子、庄子这些伟大的哲人。如果没有劳心和劳力的分工，这种文明的产生将是不可思议的。因此，尽管在劳心、劳力的社会分工中存在着阶级压迫及剥削的事实，尽管这种社会分工随着社会的进步将逐渐消失，但是，我

---

① 《左传·成公十三年》载刘子（康公）云："君子勤礼，小人尽力。"《国语·鲁语》载："君子劳心，小人劳力，先王之训也。"

们决不能因此而否定它在人类文明史上的进步作用。[①]

再次,对"劳心者治人,劳力者治于人"我们应有正确的理解。第一,我们应承认这是一种社会现实,这种社会现实有其固有的合理性。"治"实际就是管理,而管理工作主要是由劳心者来进行的。所谓的"食人"与"食于人"实际是孟子所说的一种"通工易事",从物质产品生产的角度而言,是劳力者"食人",劳心者"食于人";从精神产品生产或社会管理工作的角度而言,劳力者也"食于人",劳心者也"食人"。交换的产品不同,食与被食的地位也就不同,我们不能片面地去理解,这一点其实在孟子与彭更的辩论中早已表现得很清楚。第二,我们应将孟子此说置于其仁政学说、民本思想的体系中去理解,不应脱离孟子的主体思想而将历代贪官暴君以此作为对百姓巧取豪夺的借口与孟子的本意相等同。

对陈相宣扬的许行"不同商品同价"的观点,孟子也进行了深刻的批判,他说:"夫物之不齐,物之情也;或相倍蓰,或相什百,或相千万,子比而同之,是乱天下也。巨屦小屦同贾,人岂为之哉? 从许子之道,相率而为伪者也,恶能治国家?"(《滕文公上》)许行认为不管商品质量如何,只要长短、轻重、多寡、大小相同,就只能一个价格。这样,由于所有东西都价格相同,即使是小孩上街买东西,也不会有人欺骗他。孟子认为这是非常荒谬的。如果不管商品质量如何,都只按一个价格售卖,那人们势必争相作伪,其结果必然妨碍甚至取消在当时条件下必要的商品交换。这样,一定会导致国家大乱。孟子的这一观点,对商品价值实际已有所认识。他认为各种不同的商品价格之所以相差数倍、十倍甚至千万倍,是由"物之情"决定的,即是由商品内部的"实"决定的。这种决定价格的"实"就是价值。和孟子差不多同时的古希腊智者亚里士多德,认识到相互交换的商品是由于在质的方面有

[①] 刘鄂培:《孟子选讲》,北京古籍出版社 1990 年版,第 122 – 142 页。

等同性,所以能作为可通约的量彼此发生关系。马克思高度评价了亚里士多德的这一认识,认为"在这里闪耀出他的天才的光辉"①。应该说,孟子在这一点上也是如此。②

从肯定产品交换的角度出发,孟子对商业活动也给予了重视,这与春秋以来的抑商思潮是不同的。

孟子重商,首先是肯定商业活动对人类社会的必要性和加强商业管理的必要性。他认识到了"一人之身,而百工之所为备"这一事实,认识到了商业活动是一种"通功易事,以羡补不足"的人类行为,因而提出要加强对商业活动的政府管理。他说:"古之为市也,以其所有易其所无者,有司者治之耳。"(《公孙丑下》)这虽然是描述古代的商业活动,但实际也指出了商业的本质和商业管理的必要性。以有易无即市,道出商业的本质及其在人类生活中的功能。"有司者治之",对商业活动不能放任自流,要加强政府管理。这不仅是古制,更是孟子的经济思想。为此,孟子提出了他的具体措施:

第一,保护正常的商业活动,以免征商品税、减少商品流通中的人为阻塞来推动商业的发展。他说:"市,廛而不征,法而不廛,则天下之商皆悦,而愿藏于其市矣;关,讥而不征,则天下之旅皆悦,而愿出于其路矣。"(《公孙丑上》)"市,廛而不征,法而不廛",就是说政府在市场上划出空地供商人储藏货物,却不征收货物税;如果货物滞销,政府则依法征购,不让货物长期积压。总之,是想方设法给予方便。这样,天下的商人都会高兴,愿把货物存放在市场上。"关,讥而不征",就是说对于贩运中的商品,只进行必要检查而不征税。这样,货畅其流,物可尽市,商业活动当然就会繁荣。

第二,严惩垄断市场的奸商。他说:"有贱丈夫焉,必求龙断而登之,以左右望,而罔市利。人皆以为贱,故从而征之。征商自此贱丈夫

---

① 《马克思恩格斯全集》第23卷,人民出版社1995年版,第75页。
② 赵靖:《中国古代经济思想史讲话》,人民出版社1986年版,第119页。

始矣。"(《公孙丑下》)孟子认为古时商人是不纳税的,但是由于出现了一些垄断市场的奸商,他们用不合理的手法榨取暴利,损害消费者以至生产者的利益,以中饱私囊,以致引起了众人的愤恨,因此才向他们抽税。于是,向商人征税就从此开始了。从孟子的这些话里,我们可以看出,一般而言,孟子是主张不征商业税而保护商业活动,但对于奸商,他又主张严惩,赞成"征商"。但惩治垄断市场的奸商的目的,还是为了保护大多数商人的利益,还是为了发展商业。所以,孟子不是一个抑商主义者,而是一个重商主义者。

从民有恒产的井田方案到取于民有制的赋役计划,从社会分工、交换的思想到重商主义的主张,孟子整个经济理论体系的核心就是其仁政思想。爱民而爱有差等,富民而富有劳心劳力、君子小人之别,这就是孟子仁政思想,特别是其经济理论的实质。

第三节　以尊贤使能为重点的政治理论

孟子在为他的仁政学说提出了一套经济方案的同时,也为之设计了一套成体系的政治制度,对爵位的高低、领土的大小、俸禄的高低他都依照周礼。因此,这既是周代的政治制度,也是孟子心目中理想的政治制度。

这套政治制度是孟子答卫人北宫锜问周室班爵禄时提出来的。孟子说:"天子一位,公一位,侯一位,伯一位,子、男同一位,凡五等也。君一位,卿一位,大夫一位,上士一位,中士一位,下士一位,凡六等。"(《万章下》)这是讲爵位的等级划分。天子与诸臣的爵位划分为天子、公、侯、伯、子与男五级,天子为诸爵之首。在诸侯国里,诸侯和他的臣子们爵位则划分为君、卿、大夫、上士、中士、下士六级,以君为诸爵之首。

他又说:"天子之制,地方千里,公、侯皆方百里,伯七十里,子、男五十里,凡四等。不能五十里,不达于天子,附于诸侯,曰附庸。天子之卿受地视侯,大夫受地视伯,元士受地视子、男。"(《万章下》)这是说根据爵位的高低而划定相应的领土。天子直接管辖的王畿土地纵横各一千里,公、侯各一百里,伯七十里,子、男各五十里,共四级。土地不满五十里的国家不能直接与天子发生关系,而附属于公、侯、伯、子、男这些诸侯,称之为附庸。天子的卿所受的封地同于侯,大夫所受的封地同于伯,元士即上士所受的封地同于子、男,从诸侯到最低级的官吏,他们的俸禄也根据其等级而确定。

孟子说:"大国地方百里,君十卿禄,卿禄四大夫,大夫倍上士,上士倍中士,中士倍下士,下士与庶人在官者同禄,禄足以代其耕也。"(《万章下》)大诸侯国(即公、侯国)各级官吏的俸禄、爵位分六级,俸禄也分六级。"次国地方七十里,君十卿禄,卿禄三大夫,大夫倍上士,上士倍中士,中士倍下士,下士与庶人在官者同禄,禄足以代其耕也。"(《万章下》)中等诸侯国(即伯国)各级官吏的俸禄、爵位分六等,俸禄也分为六等。"小国地方五十里,君十卿禄,卿禄二大夫,大夫倍上士,上士倍中士,中士倍下士,下士与庶人在官者同禄,禄足以代其耕也。"(《万章下》)小诸侯国(即子、男国)各级官吏的俸禄、爵位分六等,俸禄也分六等。

那么,"庶人在官者"的俸禄,即府吏们的最低俸禄是多少呢?孟子说:"耕者之所获,一夫百亩;百亩之粪,上农夫食九人,上次食八人,中食七人,中次食六人,下食五人。庶人在官者,其禄以是为差。"(《万章下》)农夫分为上、上次、中、中次、下五等,各养活九、八、七、六、五人,府吏们的俸禄即依农夫五等划分为五级,最高的是"食九人",最低的是"食五人"。上说"下士与庶人在官者同禄",就是说下士之禄为九人之食,是"庶人在官者"中最高的。

按照这一套俸禄制度,我们可知,大国之君的俸禄等于十卿之禄,一卿之禄等于四大夫之禄,一大夫之禄又等于二上士之禄,一上士之禄等于二中士之禄,一中士之禄等于二下士之禄,一下士之禄等于九人之食,那一个大国之君的俸禄就是 2880 人之食。中国之君则是2160 人之食,小国之君则是 1440 人之食。由此可见,这一套政治等级制度犹如一座金字塔,是建筑在农夫的劳动之上的。这是孟子理想的政治制度的秘密:孟子主张仁政,主张恢复井田制度,主张民有恒产,其目的就是为了巩固这座"金字塔"的基础,使"金字塔"不致倒塌。

为了维护这一政治制度,孟子在国家的治理方面既强调以"推恩"为特征的仁政,也没有忽视以法治进行统治。他说:"上无道揆也,下无法守也,朝不信道,工不信度,君子犯义,小人犯刑,国之所存者幸也。"(《离娄上》)揆,即度,指法度、法制。"工不信度",朱熹云:"工,官也。度,法也。"(《孟子集注》)可谓正诂。这是说,居上位的不守道德、法度,居下位的不遵法制,朝廷不相信道义,百官不相信法律,君子触犯礼义,百姓触犯刑法,这样的国家还能生存,简直是不可能的。这里就将"法守"、法度、刑法,视为国家存亡之所系,视为统治官民的根本。孟子说:"今有仁心仁闻而民不被其泽、不可法于后世者,不行先王之道也。故曰:徒善不足以为政,徒法不能以自行。"(《离娄上》)这是说,徒有仁心而无法度,不足以处理政务;有法而不以仁心来指导,法也难以行使。有仁心而不用法,与无仁心而用法,都是"不行先王之道"的弊端。所以,在孟子看来,"法治"和"仁道"两手,是为政不可偏废的重要组成部分。因此,他认为国家要富强,就必须得有严守法度的官吏执政,他说:"入则无法家拂士,出则无敌国外患者,国恒亡。"(《告子下》)国内没有严守法度的大臣和能够辅佐君主的贤士,是"国恒亡"的原因之一,这实际是强调了法治对国家兴亡的极端重要性。孟子的法治精神在他与其弟子桃应的问答中有生动的体现:"桃应问曰:'舜为天子,皋陶为士,瞽瞍杀人,则如之何?'孟子曰:'执之而已矣。''然则舜不禁与?'曰:'夫舜恶得而禁之?夫有所受之也。''然则舜如之何?'曰:'舜视弃天下犹弃敝蹝也。窃负而逃,遵海滨而处,终身䜣然,乐而忘天下。'"（《尽心上》）孟子认为,假如舜帝的父亲瞽瞍杀了人的话,皋陶作为法官也应把瞽瞍抓起来,舜帝不能干预,因为皋陶如此做是有法律根据的。不过孟子又认为舜帝可以放弃帝位,偷偷背负父亲逃跑,找一个地方隐居下来,以尽人子亲亲之义。这一故事,既反映了孟子主张法治的观点,体现了一种在法律面前人人平等的精神;但"窃负而逃"这一主张,又反映出孟子法治观的不彻底,仍不脱"亲亲"的窠臼。孟子理想中的舜既不禁皋陶执其父,又弃位负父而逃,这就是所谓"忠孝两全"。儒家的法治观始终受制于其仁道原则,这就是一个生动的事例。

孟子为政理论中最为重要的是他的"尊贤使能"说。孟子认为"尊贤使能"是实现王道的必要条件。他说:"不信仁贤,则国空虚。"（《尽心上》）"仁则荣,不仁则辱。今恶辱而居不仁,是犹恶湿而居下也。如恶之,莫如贵德而尊士,贤者在位,能者在职;国家闲暇,及是时,明其政刑,虽大国,必畏之矣。"（《公孙丑上》）"贤者在位,能者在职",小国能使大国感到畏惧;不任用贤能之士,国家的实力就会空虚。所以,孟子将"尊贤使能,俊杰在位"（《公孙丑上》）列为无敌于天下的五事之首。淳于髡认为"贤者无益于国",孟子反驳道:"虞不用百里奚而亡,秦穆公用之而霸。不用贤则亡,削何可得与?"（《告子下》）虞君不用百里奚,因而灭亡;秦穆公用了百里奚,因而称霸。孟子通过总结这一历史经验,得出结论:不用贤人就会亡国,即使想要苟延残喘,也是办不到的。这样,孟子就将"尊贤使能"提高到事关国家生死存亡的高度。

从"尊贤使能"出发,孟子高度评价了"为天下得人者"的功绩,他说:"尧以不得舜为己忧,舜以不得禹、皋陶为己忧。"（《滕文公上》）"尧之于舜也,使其子九男事之,二女女焉,百官、牛羊、仓廪备,以养舜于畎亩之中,后举而加诸上位,故曰,王公之尊贤者也。"（《万章下》）尧、舜都以举贤为务,整天因为找不到适当的治国人才而忧心忡忡。

当尧发现舜这一贤才后，就让自己的九个儿子去向舜学习，并把两个女儿也嫁给了他，各种各样佣人、工匠①、牛羊、仓库，无所不备，使舜在田野中得到了很好的供养，后来又把他提拔到很高的职位上。这是天子尊敬贤才的范例。尧发现并提拔了治天下的贤才，所以孟子许以为仁，说"为天下得人者谓之仁"(《滕文公上》)。

如何识别贤才呢？孟子提出了具体的方法。他说："国君进贤，如不得已，将使卑逾尊，疏逾戚，可不慎与？左右皆曰贤，未可也；诸大夫皆曰贤，未可也；国人皆曰贤，然后察之；见贤焉，然后用之。"(《梁惠王下》)这是说，进用贤能，可以破格提拔，位卑者、疏远者可以越过位尊者、亲近者，但要慎重选择。凡任用贤人，国君不可轻易听信自己的近臣与众大夫的意见，因为他们往往出于私利妒贤嫉能；要听取民众的意见，经过考察，发现其确实是贤能之人，再做出决定。

孟子特别强调打破世袭制，从民间选拔人才。他说："舜发于畎亩之中，傅说举于版筑之间，胶鬲举于鱼盐之中，管夷吾举于士，孙叔敖举于海，百里奚举于市。"(《告子下》)舜、傅说、胶鬲、管仲、孙叔敖、百里奚尽管出身卑贱，有的种过地，有的筑过墙，有的贩过鱼盐，有的被囚禁过，有的隐居在海滨，有的当过奴隶，但当尧、武丁、齐桓公、秦穆公等提拔了他们之后，他们都干出了一番惊天动地的事业。孟子历数这些贤者被举的事迹，其用意非常清楚，就是强调不要为世卿制所限，要勇于打破尊卑、亲疏的界限，不拘一格选人才。

对于尚贤的认识，孟子也提到了相当的高度。他说："天下有达尊三：爵一，齿一，德一。朝廷莫如爵，乡党莫如齿，辅世长民莫如德。"(《公孙丑下》)这里的"爵"指贵贵，"齿"指敬长，"德"指尊贤。三者

① "百官"一般都解为"各种官吏"，如杨伯峻《孟子译注》第246页(中华书局1960年版)。但察诸下文，似觉不妥，"百官"即百工，应指各种工匠、服务人员之类。《荀子·天论》"官人守天，自为守道"一句，"官人"指与圣人相对的天文专家，此"百官"之"官"与《荀子》"官人"义近。焦循《孟子正义》云："百官即廉人、庖人之类"，也是此意。

并为达尊,突出了尚贤的地位。由此,孟子提出了贤者为王者师和"惟仁者宜在高位"《离娄上》的观点。他说:"汤之于伊尹,学焉而后臣之,故不劳而王;桓公之于管仲,学焉而后臣之,故不劳而霸。"(《公孙丑下》)商汤以伊尹为师,成就了王业;齐桓公以管仲为师,成就了霸业。可见贤臣与君主,不但可以是君臣关系,也可以是师生关系。这实际是宣传以贤抗位、以德抗尊的思想。

尊贤的进一步引申和发挥,矛头就由臣位而直指君位。孟子认为:"惟仁者宜在高位。不仁而在高位,是播其恶于众也。"(《离娄上》)又说:"天下有道,小德役大德,小贤役大贤。"(《离娄上》)既然是小德役于大德、小贤役于大贤,只有贤者才应该占据高位,那么,如果臣子的德与贤高于君呢?结论自然就是:不贤的君主当逊位,君位唯有德的贤者能居之。这样,就导致了对君位世袭制的否定,产生了禅位说和革命说。关于这一点,我们在下文讨论孟子的民本论和朴素民主观时还要细谈,这里就从略了。

第五章　民贵君轻

民为贵,社稷次之,君为轻。是故得乎丘民而为天子,得
乎天子为诸侯,得乎诸侯为大夫。诸侯危社稷,则变置。牺
牲既成,粢盛既洁,祭祀以时,然而旱干水溢,则变置社稷。

——《尽心下》

孟子的民本论和朴素民主观本是孟子仁政学说的一个重要组成
部分,但为了更方便地论述和突出孟子这一思想的重要价值,我们就
将其独立成章。以下我们就从民本和民主的概念认识、以"重民"为特
征的民本论和以"民贵君轻"为代表的朴素民主观三个方面来展开
探讨。

第一节　民本与民主

民本与民主,现在人们一般都认为这是两个有质的不同的概念,
这是很有道理的。所谓民本,即民为君本,民为邦本。这里的"民",指
的是与"君"相对的所有人,既包括了平民、奴隶,也包括了贵族,但一
般是指平民百姓,指以农民为主体的被统治者。[①] "本",《说文》云:
"木下曰本。"本即树根,引申为指事物在空间上的基础或时间上的起
点,可以派生和维系他物,是他物之存在不可缺少的条件。"民本"就

---

① 《孟子》全书出现"民"字共199处,除少数是孟子及其弟子转引别人之说,大部分
(即孟子所谓"民")都是此意。

是说民是君王的资本、凭借。由于"朕即国家",君主是国家、社稷的代表,所以"民本"又含有民是国家、社稷的基础的意义。先秦时期出现的"重民""保民""爱民""仁民""恤民""息民""得民""裕民""利民"等概念,都属于民本论的范畴。它们的核心都是重民。为什么要重民呢?因为民为君本,民为邦本,民是君王的资本,是国家社稷的基础。君主要维护自己的统治,就必须要将君民矛盾调节在一定范围内,以保证"水"不覆"舟"。所以,民本论是以维护君权为目的的一种重民思想,是建立在君、民不平等基础上的,主张君主要爱惜百姓、重视自己的统治资本。

"民主"一词,源于希腊文,由"人民"和"权力"两个词合成,意为"人民的权力"或"主权在民"。从狭义上说,民主"是一种国家形式,一种国家形态"。作为一种政体,"民主意味着在形式上承认公民一律平等"①,意味着少数服从多数,意味着排除个人的专断。从广义上说,凡是遵循或体现平等原则,主张少数服从多数,反抗专制的政策、法令、制度、思想及各种行事,都可以冠以"民主"之称,所以,民主的实质就是"民为主"。

由此可知,尽管"民本"与"民主"这两个概念都有重民的内涵,但其出发点有着质的不同。民本是以君为本位,视民为君王事业的资本,故要重视民众。实质上,在民与君的关系上,君是第一位的,民是第二位的;君是出发点,而民只是达到目的的工具。而民主却不然,它不但重民,而且以民为本位,在民与君的关系上,民是第一位的,君是其次的;民是君的出发点,而君只是民的工具。

正因为民主是对君主专制的否定,而民本论却是对君主专制的维护,所以历史上的专制君主们可以容忍民本思想,采纳民本学说,而对于民主思想,他们往往会加以排斥,因为这触动了他们的根本利益。

①　列宁:《国家与革命》,《列宁选集》第 3 卷,人民出版社 1972 年版,第 257 页。

厘清了"民本"和"民主"概念的内涵,再来看人们对历史上特别是先秦时期民本思想的认识,就会发现有很多的分歧。

曾有学者提出,先秦不存在"民本"论,只有"重民"论。因为"民本"一词,出自《尚书·五子之歌》"民惟邦本,本固邦宁"一语。而《五子之歌》系后人伪作,"民惟邦本,本固邦宁"一语经阎若璩考定系窃自《淮南子·泰族训》。因此,于先秦最好称"重民"而不应称"民本","民本"一词非先秦所有。①

此说有待商榷。姑且不论《淮南子》一书材料多出自先秦,且就现在公认的先秦文献而言,"民本"的提法也并不罕见。如《管子·霸形》云:"管仲对曰:'君若将欲霸王举大事乎?则必从其本事矣。'桓公变躬迁席,拱手而问曰:'敢问何谓其本?'管子对曰:'齐国百姓,公之本也。'"这是说齐国百姓为齐桓公图霸王之业的资本和凭借,是所谓民为君本说。又如《管子·霸言》云:"夫霸王之所始也,以人为本。本理则国固,本乱则国危。"这里的"人"和"理",可能为唐写本避唐太宗李世民和唐高宗李治讳所致:"以人为本"即"以民为本","本理则国固"即"本治则国固"。《婴子春秋》(曾有学者疑其非先秦之书②,不过现银雀山汉简中就有《晏子》③,可见其属先秦作品无疑)也两次提到"民本",《内篇·问上》说:"义谋之法,以民事之本也,故及义而谋,信民而动。"《内篇·问下》则说:"婴闻之,卑而不失尊,曲而不失正者,以民为本也。"《孟子》中也有一段话可与此相互证明:"孟子曰:'人有恒言,皆曰:"天下国家。"天下之本在国,国之本在家,家之本在身。'"(《离娄上》)这里的"家",不是"大夫曰家"的家,而是指一般意义上的家庭。身,指个人,实指一般意义上的民。诸侯的国是天下的

---

① 刘起釪:《古史续辨》,中华书局 1991 年版,第 425 页。
② 如胡应麟《四部正讹》以为《晏子》"直伪相杂",姚际恒《古今伪书考》引《崇文总目》云《晏子》是"后人采婴事为之"。
③ 吴九龙:《银雀山汉简释文》,文物出版社 1985 年版,第 17 页。

基础,家庭是国的基础,而个人又是家的基础。换言之,就是说人是天下国家之本。人,绝大部分都是民,所以孟子之意也是说民是国之本。因此,认为先秦时期没有"民本"的提法是不符合历史事实的。

近代以前的中国,没有"民为主"意义上的"民主"概念。先秦文献如《尚书》《左传》等,虽屡屡提及"民主",如"简代夏作民主""天惟时求民主""其语偷,不似民主"等,但其含义皆非"民为主",而是"民之主"。因此,现在很多人都认为,古代,特别是先秦时期,中国只有民本思想而无民主思想。这种认识是不符合历史事实的,特别是不符合孟子思想的实际。因为它没有分清什么是民本思想,什么是民主思想,结果把前人的民主思想也误认为民本思想。我们分析孟子思想,尤其要注意区分这两种既有联系又有质的区别的思想。

第二节 以重民为特征的民本论

民本思潮是滥觞于殷商、西周,而勃兴于春秋战国时期的一种进步的社会思潮。《尚书·盘庚》首先提出"重民"说:"重我民,无尽刘。"主张对"民"要重视、矜惜,不要屠杀尽了,这是殷王盘庚的思想。周初的统治者吸取殷亡的教训,更提出了"人无于水监,当于民监"(《尚书·酒诰》)和"敬德保民"(《尚书·康诰》)说,进一步重视民的力量。到了春秋战国,随着旧的社会结构的动摇和崩溃,处于等级制度中下层的社会力量——士、民开始崛起,于是民本思潮高涨。《左传》记载了春秋时代许多有远见的政治家如季梁、然明、叔向、乐祁、逢滑等人的言论,他们都深深懂得"民"关系着社稷的兴亡祸福:鲁桓公六年,季梁就认为"民馁而君逞欲"是危险的。昭公十三年,叔向说"有民"是"取国"的条件之一。哀公元年,逢滑说"国之兴也,视民如伤,是其福也;其亡也,以民为土芥,是其祸也"。襄公二十五年,然明说要"视民如子"。孔子继承了周代传统的"保民"口号,主张"爱人"(《论语·颜渊》),"博施于民而能济众"(《论语·雍也》),"使民以时"(《论语·学而》),提倡"其养民也惠,其使民也义"(《论语·公冶长》),将民本思想发展到了一个新的阶段。墨子主张"爱人若爱其身",反对"暴逆百姓"(《墨子·非命中》),"亏夺民衣食之财"(《墨子·非乐上》)。老子更提倡"贵以贱为本,高以下为基"(《老子·第三十九章》)。管子学派不但说要"慈爱百姓"(《管子·中匡》),更明确提出"以人(民)为本"(《管子·霸言》)。受时代的影响,特别是受孔子"仁"的学说和"为政以德"说的影响,孟子也系统地提出并论证了他的民本思想。

孟子的民本思想体现在治国方略上,这就是他的仁政学说,即主张统治者要爱民、保民、推恩于民。这一点我们在上章就已经详细讨论过了,这里就不再谈了。但孟子主张施仁政于民的道理何在呢?这是因为孟子深深懂得了民的价值,认识到了民的力量。

孟子从历史和现实的经验中,深刻认识到了国家的兴亡系之于民。他说:"暴其民甚,则身弑国亡,不甚,则身危国削,名之曰'幽''厉',虽孝子慈孙,百世不能改也。《诗》云:'殷鉴不远,在夏后之世。'此之谓也。"(《离娄上》)这是说,暴虐百姓太厉害,暴君本人就会被杀,国家也会灭亡;即使暴虐得不太厉害,君主也有危险,国力也会被削弱。这种暴虐百姓的暴君被推翻之后,将永远被钉在历史的耻辱柱上,死了谥号也会称之以"幽""厉"这样的恶名,即使他有孝子贤孙,经历一百代也无法替他翻案。《诗经》说殷商有一面离它不远的"镜子",这就是上一代的夏朝,指的正是这个意思。暴民就会身弑国亡,可见民是决定国家和君主命运的关键力量。孟子提醒当时的统治者,要牢牢记住这一历史的教训。

孟子又说:"桀纣之失天下也,失其民也;失其民者,失其心也。得天下有道:得其民,斯得天下矣。得其民有道:得其心,斯得民矣。"(《离娄上》)夏桀和商纣之所以失掉天下,就是因为他们失掉了百姓对他们的支持,失去了民心。取得天下有一定的方法:这就是要获得百姓的支持,获得民心。在这两段话中,孟子历数了夏、商、周三代的史实,从正反两面论证了重民的必要性。夏桀王、商纣王、周幽王、周厉王暴虐百姓,失去了民心,失去了百姓的支持,结果不但失去了天下,而且自身不得善终,留下千古骂名。而商汤、周文王、周武王得到了百姓的支持,赢得了民心,结果分别从方七十里、方百里的蕞尔小国起家,让天下臣服。这一历史事实的正反对比,深刻说明了一个道理:"得民心者得天下。"百姓的力量不可忽视。

从现实来看,统一天下也在于能否得民。梁惠王问孟子,天下如何才能得到安定。孟子的回答是"定于一",而且是"不嗜杀人者能一之"。为什么呢?原因就是"不嗜杀人者"能得民心,能得到民的拥护。孟子说:"如有不嗜杀人者,则天下之民皆引领而望之矣。诚如是也,民归之,由水之就下,沛然谁能御之?"(《梁惠王上》)百姓厌恶兼并战争,盼望生活安定,谁顺应了百姓的这一愿望,谁就能得到百姓的拥护;而得到百姓的拥护,就能统一天下,没有谁能够阻拦。所以归根结底,力量最大的还是百姓。

统一天下往往离不开战争,战争的胜负是国君们最关注的问题。孟子对有关战争胜负的三个因素进行了比较,他认为"天时不如地利,地利不如人和"(《公孙丑下》)。"人和"从字面上看是指人的团结,但其实质是指百姓的支持和拥护。孟子认为在天时、地利、人和这三个因素中,最重要的就是要得到百姓的拥护。得到百姓的拥护,"君子有不战,战必胜矣",一定会百战百胜。这实际就是说,百姓对战争的胜负具有决定性的作用,战争要想获胜,第一要素就是要获得百姓的支持。

孟子的"与民同乐"说也是其民本思想的产物。当梁惠王站在池塘边上享受观赏鸟兽之乐时,孟子劝他要"与民偕乐",不能个人独乐。(《梁惠王上》)当齐宣王称他喜好音乐时,孟子劝他要"与民同乐""与众乐乐",不要使"百姓闻王钟鼓之声,管籥之音,举疾首蹙頞"而深感"父子不相见,兄弟妻子离散"之苦。(《梁惠王下》)为什么呢?君主"独乐"而民不乐,就会失去民心,失去民心就会导致"身弑国亡"。而"王与百姓同乐,则王矣"(《梁惠王下》),君主与百姓同乐,就会赢得民心,赢得民心就会实现"王天下"的理想。所以,君主要"与民同乐"并不是出于别的什么原因,而是因为百姓是"王天下"的决定力量。

正是看到了百姓对于国家兴亡、战争胜负、天下统一的极端重要性,孟子视百姓为诸侯三宝之一,他说:"诸侯之宝三:土地、人民、政事。宝珠玉者,殃必及身。"(《尽心下》)土地是诸侯赖以立身之地,政事是诸侯治理国家的权力,孟子将百姓与它们等量齐观,足见百姓在孟子心目中的分量。

孟子的上述思想是不是民主思想?应该说不是。孟子的"得其民,斯得天下"之说,虽然反对暴虐其民,强调百姓对于国家兴亡的重要作用,但其主观意图不是为百姓计而是为君主计,君主得天下是目的,得民只是手段。他的人和胜于天时、地利之说,"与民同乐"方能王天下之说也是如此,都是从君主本位出发而不是以民为本位的。有学者将孟子的诸侯三宝"土地、人民、政事"说与近代西方资产阶级国家学说中的"土地、人民、主权"三要素相比①,这种类比其实也是有问题的。孟子所谓"三宝",是属于诸侯所有的,百姓属于诸侯,虽然被视为宝,但毕竟是诸侯的所有之物,这是一种典型的民本观念。而西方的"土地、人民、主权"三要素说,都是典型的民主观念,人民形式上并不属于谁,他们自己属于自己,而且土地、主权都属于百姓。因此,将孟子的"三宝"说混同于三要素说,实质是混淆了民本观念同民主观念的区别。我们谈民本思想,切不可忘记它是君本位前提下的重民思想这一本质特征。

---

① 游唤民:《先秦民本思想》,湖南师范大学出版社1991年版,第98页。

第三节　以民贵君轻说为代表的朴素民主观

人们一般认为孟子将先秦的民本思想发展到了高峰,但人们所认为"高峰"的那些民本思想,如果严格分析,其实并不是民本思想,而是地地道道的朴素民主思想。

平等精神是少数服从多数的必然前提,因而是民主思想的应有之义。孟子"道性善"(《告子上》),认为"仁义礼智,非由外铄我也,我固有之也"(《告子上》)。这种天赋道德论在认识论上虽然有欠妥当,但在政治观上却颇富进步意义。因为承认人在生性上是一样的,而且都是善的,就这样否定了统治阶级以"天命观"作借口来剥夺百姓的平等权利,为百姓争取平等权利提供了理论依据。在近代西方思想史上,人道主义和人本主义的思想家也都肯定人性本善,这绝不是偶然的。张岱年说:"性善论在事实上是民主思想的理论基础。"①这是颇有见地的。

从天赋平等观出发,孟子进一步阐发了他的权利平等思想。他说:"舜,人也;我,亦人也。"(《离娄下》)"尧、舜与人同耳。"(《离娄下》)孟子认为就像尧、舜那样的圣王,跟普通人在基本条件方面也是一样的。"人人有贵于己者"(《告子上》),都有可尊贵的东西。因此,"人皆可以为尧、舜",而"尧舜之道,孝弟而已矣。子服尧之服,诵尧之言,行尧之行,是尧而已矣"(《告子下》)。这就是说,即便是一个普通人,只要能够穿尧的衣服,说尧的语言,做事和尧一样,那也就是尧了。这样,笼罩在圣王头上的神秘光环就被消解了,从而在人格上赋予了普通百姓与圣王平等的地位。

君与民既然在天性和人格上是平等的,那么在政治上也应是平等的。在这方面,孟子有一系列论述。他说:"说大人,则藐之,勿视其巍

---

① 张岱年:《中国伦理思想研究》,上海人民出版社 1989 年版,第 95 页。

巍然。"(《尽心下》)向诸侯进言,就得轻视他,不要把他高高在上的地位放在眼里。为什么呢? "堂高数仞,榱题数尺,我得志,弗为。食前方丈,侍妾数百人,我得志,弗为也。般乐饮酒,驱骋田猎,后车千乘,我得志,弗为也。在彼者,皆我所不为也;在我者,皆古之制也,吾何畏彼哉?"(《尽心下》)诸侯的社会地位虽然高,但是他们骄奢淫逸的所作所为属于不义行为;而士人虽然地位低微,但他们的行为都是正义的,符合古制,那为什么要害怕诸侯呢? 士可以以德藐诸侯,这实际是以士与诸侯的政治道德平等作为前提的。

对于国家的治理,孟子认为不但君主有责,百姓也有责。舜、傅说、胶鬲、管夷吾、孙叔敖、百里奚这些人,有的是农,有的是工,有的是商,有的是游民,有的是奴隶,但孟子认为"天"都可以"降大任于是人"(《告子下》),不仅可以为贤相,而且可以为圣君。这实际是承认了百姓有平等的政治参与权。

基于政治平权、人格平等的观念,孟子在君臣关系上作了许多精彩的论述。他说:"君之视臣如手足,则臣视君如腹心;君之视臣如犬马,则臣视君如国人;君之视臣如土芥,则臣视群如寇仇。"(《离娄下》)这里讲的是君臣关系,实际包含了君民关系。"臣"本义为奴隶,后来虽然引申为官吏,但广义的臣,特别是君臣并举时,都是指臣民。孟子认为,君和臣民是一种对等关系。君对臣民怎么样,臣民就可以对君怎么样:君对臣民好,臣民可以对君更好;君对臣民不好,臣民可以对君更不好。这种以"腹心"对"手足"、以"国人"对"犬马"、以"寇仇"对"土芥"的关系,完全是一种政治平等的关系。将这种论点再归入以君本位为前提的民本思想中去,是完全不适合的。据记载,朱元璋读到此章时勃然大怒,认为是"非臣子所宜言"[1],以致将孟子逐出了孔庙。这也反映了孟子此说属于民主思想而非民本思想。

---

[1]　见明人黄廷美《双槐岁钞》卷一《尊孔卫孟》。

孟子又说:"无罪而杀士,则大夫可以去;无罪而戮民,则士可以徙。"(《离娄下》)君主无罪而杀臣民,孟子认为臣民可以抛弃这样的暴君。当然,抛弃暴君只是反抗暴政最消极的办法,更激烈的则是"易位"和"革命"。

孟子和齐宣王曾就君权问题进行过一系列讨论,齐宣王向他请教关于公卿的问题,他认为公卿有贵戚之卿和异姓之卿的区别。"贵戚之卿""君有大过则谏;反复之而不听,则易位";而"异姓之卿""君有过则谏,反复之而不听,则去"。直说得齐宣王"勃然变乎色"(《万章下》)。这是说,臣民不但可以背弃君主,还有权废置君主,这种理论,可以说是对君主专制的直接挑战。

孟子还问齐宣王说:如果一个人把他的妻儿托付给他的朋友而出门远行,回来却发现他的妻儿正在挨饿受冻,对这样的朋友,应该怎么办? 齐宣王回答:应该和他绝交。孟子又问:如果管刑罚的官吏不能管好自己的下级,又该怎么办? 齐宣王答道:应当撤他的职。孟子锋芒一转,对准了齐宣王,问:如果一个国家治理得很不好,那又该怎么办? 这时齐宣王环顾左右而言他,不敢正面回答了。(《梁惠王下》)这个答案应当是明确的:国君应当退位。

齐宣王作为一个专制君主,对孟子这些直接否定君权的言论是不能接受的。因此,他转弯抹角地问孟子:商汤流放夏桀、武王讨伐商纣这样的"臣弑其君"的行为,是不是正确? 孟子回答道:"贼仁者谓之'贼',贼义者谓之'残'。残贼之人谓之'一夫'。闻诛一夫纣矣,未闻弑君也。"(《梁惠王下》)这就是说,君和臣民在真理面前都是平等的。破坏仁义的人,称为独夫民贼。君主如果破坏了仁义,那臣民们就可以不承认他为君,甚至可以杀掉他。所以,周武王诛纣,只是杀死了一个独夫民贼,并不是以臣弑君。这种正名论,实质是肯定了臣民诛杀无道之君的正当性。

对这一问题,孟子和他的学生公孙丑也讨论过。公孙丑问:"贤者之为人臣也,其君不贤,则固可放与?"孟子回答说:"有伊尹之志,则可;无伊尹之志,则篡也。"(《尽心上》)这就是说可以以贤易暴,但不能以暴易暴。"有伊尹之志",即为天下黎民百姓着想,就可以取暴君而代之;但如果"无伊尹之志",只是为了一己之私利,那只是争夺权位,不值得肯定。

与易位说、革命说有关的还有禅位说。孟子认为"惟仁者宜在高位"(《离娄上》),如果臣民的贤超过了君主,那么君主就应禅位。于是,他就屡屡称赞颂扬尧、舜的禅让,许以为仁。这种禅让说是原始民主思想的遗留,孟子称赞它,也正表现了他对君主世袭制度的否定,也应属于朴素民主思想的范畴。

孟子之所以认为君位可以禅让,可以易之,甚至可以放君、诛君,就是因为他有着"民贵君轻"的价值认识。孟子说:"民为贵,社稷次之,君为轻。是故得乎丘民而为天子,得乎天子为诸侯,得乎诸侯为大夫。诸侯危社稷,则变置。牺牲既成,粢盛既洁,祭祀以时,然而旱干水溢,则变置社稷。"(《尽心下》)百姓、国家、君主三者比较,孟子认为百姓最为重要,国家次之,君主为轻。为什么呢?因为只有得到普通民众的拥护和支持才能做君主。失去了百姓,连国家都不存在了,更不用说君主了。所以,诸侯危害了国家,就要以国家为重,改立君主。总之,政权可以更迭,君主可以易人,这一切都取决于百姓的态度。这是一种典型的"民为主"论。

在《万章上》的记载里,孟子详细论证了这种"得乎丘民而为天子"的君权民与说:"万章曰:'尧以天下与舜,有诸?'孟子曰:'否,天子不能以天下与人。''然则舜有天下也,孰与之?'曰:'天与之。''天与之者,谆谆然命之乎?'曰:'否,天不言,以行与事示之而已矣。'曰:'以行与事示之者,如之何?'曰:'天子能荐人于天,不能使天与之天下;诸侯能荐人于天子,不能使天子与之诸侯;大夫能荐人于诸侯,不能使诸侯与之大夫。昔者,尧荐舜于天,而天受之;暴之于民,而民受之。故曰,天不言,以行与事示之而已矣。'曰:'敢问荐之于天,而天受之;暴之于民,而民受之,如何?'曰:'使之主祭,而百神享之,是天受之;使之主事,而事治,百姓安之,是民受之也。天与之,人与之,故曰:天子不能以天下与人。舜相尧二十有八载,非人之所能为也,天也。尧崩,三年之丧毕,舜避尧之子于南河之南,天下诸侯朝觐者,不之尧之子而之舜;讼狱者,不之尧之子而之舜;讴歌者,不讴歌尧之子而讴歌舜,故曰,天也。夫然后之中国,践天子位焉。而居尧之宫,逼尧之子,是篡也,非天与也。《泰誓》曰:"天视自我民视,天听自我民听。"此之谓也。'"这里表面讲君权是"天与",是"天"给的,但实际上是"民与",即是百姓给的,由百姓定的。"天受之",百神享不享,谁也不知道,这是虚的。但"民受之",事治不治、百姓安不安,却是实实在在的。虚依实而定:"事治而百姓安"就是"百神享","民受之"就是"天受之","人与之"就是"天与之"。所以,"天"与"民"实际是一回事,孟子讲"天与",落脚点在"民与"。这是"得乎丘民而为天子"说的具体化,这也是民之所以"贵"、君之所以"轻"的原因。

总之,从君民人格平等、政治平权说到君权民与说、民贵君轻说,孟子实质上已形成了系统的民主思想。这种民主思想尽管和近代意义上的民主思想有低级、高级之分,但实质是一致的,都是主张主权在民,否定君主的绝对专制。将孟子这种民主思想混同于民本思想实在是对孟子思想的误解。如果说我们承认历史上存在过奴隶制民主思想和资产阶级民主思想的话,那我们也要承认历史上同样存在过封建制民主思想。① 而孟子的民主思想,正是中国封建制民主思想的代表。

---

① 关于各种形态的民主思想及其共性,可见廖名春:《试论民主概念的本质规定》,《湖湘论坛》1988 年第 2 期。

第六章　哲学慧识

莫之为而为者,天也;莫之致而至者,命也。

——《万章上》

尽其心者,知其性也。知其性,则知天矣。

——《尽心上》

《孟子》一书,有较为丰富的哲学思想。下面,我们从天命观、认识论、方法论这三个方面来探讨。

第一节　天命观

孟子的哲学思想是唯心主义的,还是唯物主义的? 是主观唯心主义的,还是客观唯心主义的? 对此,人们一直有着激烈的争论。[①] 判断一位哲学家的思想属性应以其对哲学最高问题即思维和存在、精神和自然界关系的回答为标准,而孟子对这一哲学最高问题的回答主要体现在他的天命观上。因此,剖析孟子的天命观,对于认识孟子哲学思

---

① 艾思奇主编的《辩证唯物主义与历史唯物主义》、任继愈主编的《中国哲学发展史》(先秦)都认为孟子哲学是主观唯心主义的,这是一种比较流行的观点。以张岱年为代表的一些学者则认为孟子哲学属于客观唯心主义,见张岱年《致孟子学术讨论会的祝贺信》;刘鄂培、羊涤生《孟子的哲学是主观唯心论,还是客观唯心论》,《孟子思想研究》,山东大学出版社 1986 年版。金景芳认为"总的看来,孟轲的天命观""还应属于唯物论的范畴",《中国奴隶社会史》上海人民出版社 1983 年版,第 430 页。严北溟认为孟子的"基本倾向是朴素的唯物主义",《哲学研究》1980 年第 9 期;梁韦弦也持此说,见《孟子研究》,吉林大学 1992 年博士学位论文。

想的性质,具有关键的作用。

在《孟子》一书中,"天"字共出现了 289 次,除去"天下""天子"207 次外,尚有"天"字 82 次。这些"天"字,意义较为复杂。学者一般都认为,孟子所谓"天"的范畴,既有主宰之天,又有义理之天、命运之天、自然之天。① 我认为,孟子之"天"主要有自然之天和主宰之天两种含义。

主宰之天和自然之天,一为唯心,一为唯物,为认识的两极,这两种相互矛盾的观点,都出现在孟子的思想里。它们何者为主,何者为辅? 谁最能代表孟子的哲学思想? 这是很值得辨析的。

将"天"视为客观存在的自然界,人多以为是道家的学说,故论及孟子、荀子的自然之天时,往往喜欢从老子、庄子那里去寻找渊源。这其实是蔽于道而不知儒。② 孔子早就有了"自然之天"的思想,如《论语·泰伯》记录孔子之语说:"大哉! 尧之为君也。巍巍乎! 唯天为大,唯尧则之。"这里的"天",显然是指《尚书·尧典》中的"钦若昊天,历象日月星辰,敬授人时"之"天",是自然之天。这种思想又见于《论语·阳货》:"子曰:'天何言哉! 四时行焉,百物生焉,天何言哉!'"这里的"天"没有思想,不能说话,只有行动,又具有自己固有的规律性,也当是自然之天。③

孟子在对"天"这一概念的认识上,明显继承了孔子自然之天的思想。他说:"七八月之间旱,则苗槁矣。天油然作云,沛然下雨,则苗浡然兴之矣。"(《梁惠王上》)这个"天",既能"旱",又能"作云""下雨",显属自然之天。他描绘"浩然之气"云:"其为气也,至大至刚,以直养而无害,则塞于天地之间。"(《公孙丑上》)这里的"天"与"地"连言,

---

① 也有人认为孟子不讲主宰之天,只讲自然之天、命运之天、义理之天。见杨伯峻《孟子译注·导言》,中华书局 1960 年版。

② 详见廖名春《荀子新探》第五章第四节,吉林大学博士学位论文,1992 年 5 月。

③ 金景芳:《孔子的天道观与人性论》,《百科知识》1990 年第 12 期。

也是指自然之天。他又说:"天时不如地利,地利不如人和。"(《公孙丑下》)这里的"天时",当"指阴晴寒暑之宜于攻战与否"(杨伯峻《孟子译注》),它连"地利"都不如,可见这"天"也是自然之天。

在孟子所引前人之说中,"天"也有很多具有明显的自然义。如其引《诗》云:"迨天之未阴雨,彻彼桑土,绸缪牖户。今此下民,或敢侮予?"(《公孙丑上》)引孔子说云:"天无二日,民无二王。"(《万章上》)这种能够"阴雨",又有"日"的"天",无疑皆是指自然之天。

孟子不但认为"天"是自然的,而且认为自然之天有着它本身的客观规律,而人类是可以掌握的。他说:"天之高也,星辰之远也,苟求其故,千岁之日至,可坐而致也。"(《离娄下》)所谓"故",即所以然,这里指自然界的规律。孟子认为,天尽管极高,星辰尽管极远,但人们只要掌握其客观规律,推求出其所以然,一千年以后的冬至,都可以很轻松地推算出来。对于自然规律,人们可以认识,但是不能违反。对于这种"天人之分",孟子虽然没有像后来的荀子那样见解深刻,但他也有了初步的认识:"虽有天下易生之物也,一日暴之,十日寒之,未有能生者也。"(《告子上》)"不违农时,谷不可胜食也;数罟不入洿池,鱼鳖不可胜食也;斧斤以时入山林,材木不可胜用也。"(《梁惠王上》)"天下之不助苗长者寡矣。以为无益而舍之者,不耘苗者也;助之长者,揠苗者也——非徒无益,而又害之。"(《公孙丑上》)

种庄稼要遵循自然规律,既不能像懒汉一样不去管它,又不能像宋人似的去揠苗助长。这是为什么呢? 其潜台词就是天与人各有各的特定的功能,而且这种功能是不能相互代替的。

关于主宰之天,孟子也提到一些,如:"夫天未欲平治天下也;如欲平治天下,当今之世,舍我其谁也?"(《公孙丑下》)"天之生此民也,使先知觉后知,使先觉觉后觉也。予,天民之先觉者也;予将以斯道觉斯民也。"(《万章上》)"故天将降大任于是人也,必先苦其心志,劳其筋骨,饿其体肤,空乏其身行,拂乱其所为,所以动心忍性,曾益其所不能。"(《告子下》)这三处的"天",既能"平治天下",又能"使先知觉后知",又能"降大任于是人",显然是一位能对人间之事发号施令者,当为主宰之天,这是不能否定的。但是,细察孟子之文,这里的天意是虚悬的,所要突出的是天意后面的人意。孟子说"天未欲平治天下也;如欲平治天下,当今之世,舍我其谁",这是借天意来强调自己"平治天下"的大志。其说"天""使先知觉后知",强调的是自己"觉斯民"。其说"天将降大任于是人","必先苦其心志,劳其筋骨"云云,换言之即要先经受"苦其心志,劳其筋骨"等种种锻炼,天才"降大任于是人"。这样,人的表现如何也就决定了"天"是否"降大任"。① 表面上说的是天意,实际上强调的是人为。从这些话里,我们可以体会得到,尽管孟子谈到了主宰之天,但他仅仅只是在利用天意以申己意。这种对天意的利用恰恰证明了孟子并不是真的相信主宰之天。这和他谈自然之天显然有体、用之别。

主宰之天在孟子思想中是用而非体,这在孟子与其弟子万章讨论君位继承问题的两段话中表现得非常清楚(《万章上》)。有学者认为,孟子这里所谓"天与之""天与贤,则与贤;天与子,则与子",是一种君权天授说,体现了"君权神授思想"②。这种说法并不准确。从表层意义来看,孟子所谓君权是"天与之"的,但从其"行与事示之"来看,"天与"实际是"民与"。比如说"尧崩,三年之丧毕,舜避尧之子于南河之南,天下诸侯朝觐者,不之尧之子而之舜;讼狱者,不之尧之子而之舜;讴歌者,不讴歌尧之子而讴歌舜,故曰,天也"(《万章上》)。这个"天"指的正是社会成员的整体意愿。他所说的"荐于天",实际

---

① 羊涤生对此有精彩的论述,见《关于孟子哲学的几个问题》,《文史哲》1986 年第 6 期。

② 例如任继愈主编《中国哲学发展史》(先秦),人民出版社 1983 年版,第 324 页;陈绍燕《应根据天道观确定孟子哲学的性质》,《孟子思想研究》,山东大学出版社 1986 年版,第 67 页。

就是"暴于民";"天受之"就是"民受之";"天与之"就是"民与之"。孟子引用的"天视自我民视,天听自我民听"这句古语,正好揭示了孟子所谓主宰之天的真实意义。所以,认为孟子"天与"说是君权神授思想,是对孟子思想的深层含义缺乏了解的结果。

有人认为孟子"天之生物也,使之一本"(《滕文公上》)是将主宰之天"看作万物的本原,认为天下万物都是'天'创造出来的"①。这种解释并不符合孟子的原意。孟子所谓"天之生物也"之"天"指的是自然之天,所谓"一本"就是一个本原。孟子认为,世界万物各有一个本原,这是天之所然的自然现象。人皆以父母为本,而墨者夷之却主张"爱无差等",将自己父母与他人父母视为一样而无差别,孟子批评他是"二本"。因此,"天之生物也,使之一本"这一命题得不出什么主宰之天的解释。

有人喜欢用孟子引《尚书》的"天降下民,作之君,作之师,惟曰其助上帝宠之。四方有罪无罪惟我在,天下曷敢有越厥志"一语来作为孟子主宰之天的证明,这是很难说服人的。因为古人有一名言:"赋《诗》断章,余取所求焉,恶识宗!"赋《诗》是如此,引《书》也往往如此。孟子引用这一句话的主旨是要证明"一怒而安天下之民"方谓之"大勇",重心不是在论证天是否具有意志。

正因为孟子不以主宰之天为体,所以他对所谓天意往往采取否定的态度。齐宣王伐燕取胜之后,想吞并燕国,对孟子说:"不取,必有天殃。取之何如?"孟子回答道:"取之而燕民悦,则取之。古之人有行之者,武王是也。取之者而燕民不悦,则勿取。古之人有行之者,文王是也。"(《梁惠王下》)"天予不取,必有天殃"是春秋战国时流行的观念。孟子不以"天殃"为意,认为取不取要视燕民悦不悦而定。这实际是以民意否定了天意,正是孟子对主宰之天不以为然的表现。

---

① 裴大洋:《孟子的哲学是客观唯心论》,《陕西师大学报》1984 年第 2 期。

对于祸福,孟子认为主要取决于人自身,而不取决于天。他说:"祸福无不自己求之者。《诗》云:'永言配命,自求多福。'《太甲》曰:'天作孽,犹可违;自作孽,不可活。'此之谓也。"(《公孙丑上》)天降的祸,还是可以逃避的;而人造的祸,则是无法逃避的。这是强调祸福取决于人自身的所作所为,而不取决于天。"祸福无不自己求之者","无不"这一双重否定,是对天降祸福的否定,更是对主宰之天的否定。

孟子所谓"天"除了有自然之天和主宰之天的体、用之别外,还有命运之天值得剖析。孟子答滕文公问说:"君子创业垂统,为可继也。若夫成功,则天也。君如彼何哉? 强为善而已矣。"(《梁惠王下》)对嬖人臧仓进谗而致使鲁平公不见他一事,他发表感慨说:"行,或使之;止,或尼之。行止,非人所能也。吾之不遇鲁侯,天也。臧氏之子焉能使予不遇哉?"(《梁惠王下》)这种非一两个人的主观努力所能左右的"天",并不是至上的主宰神,而是一种势,是一种社会发展的必然趋势,是一种客观必然性,这从孟子下述论述中可以看得很清楚:"天下有道,小德役大德,小贤役大贤;天下无道,小役大,弱役强。斯二者,天也。顺天者存,逆天者亡。"(《离娄上》)这种"天"有时能使小德役于大德、小贤役于大贤,有时又能使大德役于小德、强者役于弱者,这是什么呢? 就是孟子所谓的时、势:"齐人有言曰:'虽有智慧,不如乘势;虽有镃基,不如待时'。"(《公孙丑上》)这种"势",胜过个人的智慧;这种"时",胜过个人的实力。滕文公难以王天下,孟子不遇鲁侯,并不是说他们个人的智慧不够,而是困于时、势,社会上有一种客观趋势阻拦了他们。因此,孟子从偶然中看出了必然,他称这种必然为"天"。

孟子的命运之天又含有偶然性的意义。他说:"丹朱之不肖,舜之子亦不肖。舜之相尧、禹之相舜也,历年多,施泽于民久。启贤,能敬承继禹之道。益之相禹也,历年少,施泽于民未久。舜、禹、益相去久远,其子之贤不肖,皆天也,非人之所能为也。"(《万章上》)

所谓君权"天与"实即"民与",舜、禹之所以能取得君位,就是因为他们相尧、相舜"历年多,施泽于民久";而益之所以没有能取得君位,就是因为他相禹"历年少,施泽于民未久"。孟子这是用必然论解释君位的传承。但是,必然性又以偶然性表现了出来。尧和舜的儿子皆不肖,而禹的儿子启却很贤明。因此,舜、禹及启都做了天子,而尧、舜的儿子以及益都没做成天子。这种舜、禹、益三人为相时间的长短,以及尧、舜、禹他们儿子的好坏,孟子认为"皆天也,非人之所能为也"。就是说,这是偶然的,并不是哪一两个人的主观努力所能办得到的。这种必然性或偶然性的命运之"天"是不是有什么人或神在主宰呢?孟子作了否定的回答,他说:"莫之为而为者,天也。"(《万章上》)没有任何人或神在主宰,事情就自然而然地发生了,这就是"天意"。可见,孟子所讲的命运之天,在本质上也就是自然之天。

命运之天,孟子又称之为"命"。他说:"求之有道,得之有命,是求无益于得也,求在外者也。"(《尽心上》)这是说,富贵利禄这些东西,要得到并不完全取决于个人的主观努力,还要看命运。这里的命运,实质是以偶然性表现出来的外在客观规律和条件对人的活动的限制。孟子认识到了个人的主观能动性对于社会、对于自然来说是有限的,但他并不因此而主张消极无为,而是主张在客观条件许可的情况下,尽可能有效地发挥人的主观能动性。为此,他提出了"顺受正命"的思想。他说:"莫非命也,顺受其正;是故知命者不立乎岩墙之下。尽其道而死者,正命也;桎梏死者,非正命也。"(《尽心上》)人没有不受客观条件约束的,不可能离开一定的社会环境和自然环境而生存,但是正确的态度应是在客观条件、规律许可的范围内,尽可能作出自己的主观努力。所谓"正命",就是正确地利用了客观条件;所谓"非正命",就是错误地利用了客观条件。

人们往往将孟子的这种"命"理解为主宰之天所定,认为是一种宿命论,这是不符合孟子原意的。道理很明显,如果"命"是上天的意志而不是一种客观条件的话,就不存在"顺受其正"的问题。因为天意是不能违反的,在天之所定的命运面前,谈不上人的主观能动性。你左也会这样,右也会这样,反正结局已定。孟子强调"正命"而反对"非正命",正说明此"命"并不具有主观性,并不是不能改变的天命。所以,这种"命"只能是一种客观对象。

对此,孟子下了一个明确的定义。他说:"莫之致而至者,命也。"(《万章上》)没有谁去招致它,它却到来了,这就是"命"。所谓"莫之致",排除了"命"的主观性,肯定了它的客观性。由此,我们可知,被人们斥为"命定论"的"求之有道,得之有命"这一命题①,实际上是说追求富贵利禄有一定的方法,但能否实现却取决于客观条件。这是一种重视客观条件对主观能动性制约的观点,应该说是一个朴素唯物主义的命题。

人们认为孟子除自然之天、主宰之天、命运之天外,也讲义理之天。其例证就是:"仰不愧于天,俯不怍于人。"(《尽心上》)其实这里的"天"与"人"相对,为自然之代名词。可称之为"天",也可称之为"天地"。义理之天为主宰之天的虚化,孟子提到了主宰之天,但他确实没有提义理之天。对于人们误认为义理之天的其他例证②,我们在下一节再进行辨析。

由上可知,孟子尽管有自然之天、主宰之天、命运之天的复杂说法,但在他的天命观里,自然之天说是体,主宰之天说是用;他的命运之天近于自然之天,是没有主观意志的、为个人的主观能动性所不及的客观外物。所以,孟子的天命观尽管有一定程度的神秘主义色彩,但其基本倾向是自然主义的。

---

① 人们多认为孟子这里所说的"命"是天命,是人的能动性之上的超人力的主宰者,如王兴业:《孟子天人关系论中的哲学思想》,《孟子思想研究》,山东大学出版社 1986 年版,第 26 页。

② 如杨伯峻《孟子译注·导言》认为"存其心,养其性,所以事天也"为义理之天之证。

第二节　认识论

孟子的认识论思想较为复杂,用单一的唯心论或唯物论都很难概括。

从第二章、第三章对孟子人性论和伦理思想的分析可知,孟子主张性善论、天赋道德论,因此,他在认识的起源问题上有一种突出的先验主义倾向。比如,他说:"人之所不学而能者,其良能也;所不虑而知者,其良知也。孩提之童无不知爱其亲者,及其长也,无不知敬其兄也。亲亲,仁也;敬长,义也;无他,达之天下也。"(《尽心上》)"良知""良能"是"不学而能""不虑而知"的,显然,是人的本心先验地固有的。这种先验的"良知""良能",不但包括仁、义,而且包括礼、智。孟子说:"恻隐之心,人皆有之;羞恶之心,人皆有之;恭敬之心,人皆有之;是非之心,人皆有之。恻隐之心,仁也;羞恶之心,义也;恭敬之心,礼也;是非之心,智也。仁义礼智,非由外铄我也,我固有之也,弗思耳矣。"(《告子上》)

孟子认为"良知""良能"及仁义礼智"四心"是人先天固有的,讲的是道德天赋,实际上也是指认识天赋,因为在孟子的理论里,认识论和道德论是统一的。孟子"良知""良能"说的先验性,人们一般都注意到了,并以此作为孟子认识起源论的代表。但是,我们应看到孟子在认识的起源问题上还有另外一些论述。

孟子虽然认为"恭敬之心,礼也",是人生而固有的,但对具体的礼仪知识,他却认为是后天学来的。他说:"诸侯之礼,吾未之学也;虽然,吾尝闻之矣。"(《滕文公上》)滕定公去世后,滕国世子派其傅然友向孟子请教丧事礼仪。孟子说他虽然没有学习过,但也听说过,于是就将诸侯丧事礼仪告诉了然友。由此可见,孟子承认他并不是先天就懂礼,他关于礼的认识是后天学来的。

孟子又说:"今夫弈之为数,小数也;不专心致志,则不得也。弈秋,通国之善弈者也。使弈秋诲二人弈,其一人专心致志,惟弈秋之为听。一人虽听之,一心以为有鸿鹄将至,思援弓缴而射之,虽与之俱学,弗若之矣。"(《告子上》)弈棋,要专心致志地学方能学好。这说明在孟子看来,棋艺并非人生而具有,也是后天学来的。孟子又说:"羿之教人射,必志于彀;学者亦必志于彀。大匠诲人必以规矩,学者亦必以规矩。"(《告子上》)学射要从拉弓开始学,善射并不是天生的;学木械要从依循规矩开始,可见大匠也是人为努力的结果。就连商汤那样的圣王,也要向伊尹学习;桓公那样的霸主,也要向管仲学习。(《公孙丑下》)所以,孟子主张,"幼而学之,壮而欲行之"(《梁惠王下》),主张"博学"(《离娄下》)。这些事实说明,孟子也有"博学而知之"的思想,也有认识源于人的后天实践的思想。

孟子认为人的道德认识是人区别于禽兽的标志,是人之所以贵者,所以,它在人的自然结构中先天就存在了。这是用先验的形式来强调它的重要性。至于其他认识,孟子认为它们并非人的本质特征,而是其理性支配下的产物,所以,孟子就从实际出发,指出它们是后天人为的结果。因此,我们可以说,孟子的认识起源论虽然具有一定的朴素唯物论倾向,但其主流是先验论的。

孟子的认识论具有明显的唯理性色彩,这在他论"耳目之官"与"心之官"中表现得非常突出。他说:"耳目之官不思,而蔽于物。物交物,则引之而已矣。心之官则思,思则得之,不思则不得也。此天之所与我者。先立乎其大者,则其小者不能夺也。"(《告子上》)孟子把"心之官"称为"大体",把"心之官"以外的"耳目之官"及四肢、口腹等称为"小体"。在他眼中,"小体"的活动纯粹是为了满足物欲的感性活动,是卑贱的;"大体"的活动——思,最能反映人的本质特征,因而是高贵的。从抽象的意义上说,人的"耳目之官"不能思考,这是正确的。人们如果仅凭感觉办事,就会为事情的表象所蒙蔽,看不透事物的庐山真面目,揭示不出事物的本质和规律。但是,孟子这里却将"耳目之官""蔽"的一面夸大了,只见其"蔽于物"而不见其对于"心之官""思"的必要性,否定了感官在认识中的重要作用。孟子又认为"心"是思维的器官,要认识和把握事物的本质,只有用"心"去"思",否则就不能得到,这是自然赋予人类的特殊能力。这一认识,应当说相当精辟的。但是,孟子在认识到人的理性思维高于感性思维的同时,却忽视了理性思维源于感性思想并有赖于感性思维方能进行这一性质,以致走入了唯理论的误区。这一点,人们都普遍地认识到了。① 但是,我们应该注意,这并不是孟子对感性认识和理性认识关系的全部理论或整体看法。孟子也看到了两者相互联系、相互统一的一面,也有一些属于反映论的观点。

孟子说:"权,然后知轻重;度,然后知长短。"(《梁惠王上》)要知道轻重、长短,就得先"权""度",这就是说,轻重、长短观念,并不是人本身所固有的,而是人"物交物",通过权衡、度量这些实践活动得来的,这显然是一种反映论。

孟子在与齐宣王论"进贤"时说:"左右皆曰贤,未可也;诸大夫皆曰贤,未可也;国人皆曰贤,然后察之;见贤焉,然后用之。左右皆曰不可,勿听;诸大夫皆曰不可,勿听;国人皆曰不可,然后察之;见不可焉,然后去之。左右皆曰可杀,勿听;诸大夫皆曰可杀,勿听;国人皆曰可杀,然后察之;见可杀焉,然后杀之。"(《梁惠王下》)判断一个人是否贤,决定一个人是否可杀,不但要重"听",广泛听取左右、诸大夫、国人的意见,更要重"察",要去了解实际情况,进行调查研究。只有在"闻知"的基础上,经过"察知",才能作出结论。这里的"听",实际是一种感性认识;"察",实际是一种理性认识。作出是否"听"、是否"杀"的

---

① 如苗润田:《简述孟子认识论的唯物主义因素》,《孟子思想研究》第 71 页;孙开泰:《试评孟子的认识论》,《管子学刊》1991 年第 1 期。

决定的过程,实际是一个由感性认识上升到理性认识的过程。由此看,孟子也强调见闻之知,并没有绝对否定感官在认识过程中的作用。

人们对孟子认识论的一些命题,长期以来就存在着误解。由此而得出的一些结论,尽管几乎已成为定论,其实都是与孟子本意不符的。

孟子说:"仁,人心也;义,人路也。舍其路而弗由,放其心而不知求,哀哉!人有鸡犬放,则知求之;有放心而不知求。学问之道无他,求其放心而已矣。"(《告子上》)人们多以"学问之道无他,求其放心而已矣"一句为证,认为孟子只讲内省而不讲外学。如顾炎武《日知录》就说:"'学问之道无他,求其放心而已矣。'然则但求放心,可不必于学问乎?与孔子之言'吾尝终日不食,终夜不寝,以思,无益,不如学也'者,何其不同邪!"其实,孟子这里所谓"学问",并非指整个人世间的学问,而是特指道德修身之学。孟子认为人性本善,因此,找回丢失的善性,是其道德修身之学的全部内容,因为道德修身之学本身就是一门追求善的学问,这一认识跟他的性善论是联系在一起的。孟子之学,主要就是道德哲学,所以"内省""内求"可以说是孟子主要的认识方法。但是,"求其放心"的"内省"并非孟子唯一的认识方法,孟子除了讲"内省"外,也讲外学。他说:"颂其诗,读其书,不知其人,可乎?是以论其世也。"(《万章下》)对古人,不但要吟其诗、读其书,更要知其为人,了解其时代。又说:"博学而详说之,将以反说约也。"(《离娄下》)这是提倡"博学",并以此作为做学问的前提。又说:"天之高也,星辰之远也,苟求其故,千岁之日至,可坐而致也。"(《离娄下》)人可以掌握天体运行的规律,这是"知天"的结果。

从外学思想出发,孟子又重视"教"。他说:"谨庠序之教。"(《梁惠王上》)"设为庠序学校以教之。"(《滕文公上》)。孟子以"得天下英才而教育之"(《尽心上》)为"君子三乐"之一。教的内容除"人伦"这些道德学说之外,还包括"树畜"(《尽心上》)和"稼""树艺五谷"(《滕文公上》)这些方面的生产知识。

孟子为什么要强调外学和后天的教育呢？原因就在于他意识到了后天的客观环境对认识的发展有着决定性的影响。他说："富岁，子弟多赖；凶岁，子弟多暴。非天之降才尔殊也，其所以陷溺其心者然也。"（《告子上》）这是说青年人的"赖"与"暴"，是由年成的好坏引起的。他认识到了"民""无恒产，因无恒心"（《梁惠王上》）的道理，懂得"民非水火不生活"，"圣人治天下，使有菽粟如水火。菽粟如水火，而民焉得不仁者乎"（《尽心上》），发出了"居移气，养移体，大哉居乎"《尽心上》的感慨。孟子重视"居"和"养"对认识发展的作用，为此，他讲了一个楚大夫的孩子学习齐语的故事："一齐人傅之，众楚人咻之，虽日挞而求其齐也，不可得矣；引而置之庄、岳之间数年，虽日挞而求其楚，亦不可得矣。"（《滕文公下》）在齐方能"求其齐"，这实际是说善这些道德观念的形成是由后天环境决定的，是一种朴素的反映论思想。所以，认为孟子只讲"内省"，不求外学，其认识的内容、认识的对象都存在主体的内心，就是主体自身的意识，是有欠客观的。不过，全面衡量，孟子的"学问之道"，应当说是以内省为主、以外学为辅。他虽然看到了外学的重要性，但他着重强调的还是内省。这是因为孟子之学的本质是道德心性之学。

谈孟子的认识论，判定其哲学思想的性质，人们最喜欢引以为据的就是"尽心""知性""知天"说和"万物皆备于我"说，不过，对于这两种说法，需要进行再认识。

关于"尽心""知性""知天"，《孟子》中有这样一段话："孟子曰：'尽其心者，知其性也。知其性，则知天矣。存其心，养其性，所以事天也。夭寿不贰，修身以俟之，所以立命也。'"（《尽心上》）这一段话的主旨是讲如何修身以对待祸福。其中有几个关键词，人们一直有所误解。第一是"心"。"心"一般都解作"善良的本心"，如杨伯峻《孟子译注》。这是不准确的。"心"实即"心之官则思"之"心"。赵岐注云："性有仁义礼智之端，心以制之。惟心为正，人能尽极其心，以思行善，则可谓知其性矣。"焦循正义也说:"注云:制,谓裁制。人之心能裁度,得事之宜,所以性善。故仁义礼智之端,原于性而见于心,心以制之,即所谓思虑可否,然后行之也。惟心为正,谓心能裁度,以正四体五官也。"[1]"心"指"心以制之"者,即心的裁制能力,也就是指人的思维能力、人的认识能力。"尽心"就是说充分发挥、最大限度地调动人的思维能力,而不是说"充分扩张善良的本心"。第二是"天"。赵岐注以此"天"为"天道之贵善",焦循《孟子正义》以其为"天道之好善"[2],戴震《原善》以其为"天德""天地之德"。朱熹《孟子集注》以其为"理之所从以出者也"。这些解释也都是不准确的。此"天"即命运之天,指非个人能力之所能左右的客观条件。孟子的意思是,人充分地利用了自己的理性认识能力,就能懂得人之所以为人的道理、认清人的本性。做到了这一点,就能正确地认识客观外物("知天")、正确地去对付客观条件("事天")。无论客观条件如何,长寿也好,短命也好,始终坚持自己的理性原则,坚持修身,这就是君子对待命运的办法。所以,这一段话阐述的是人如何发挥自己的主观能动性去认识人的本质,以正确对待自己左右不了的客观条件。其潜台词就是告诫人们不要因为"夭寿"这些客观条件而放弃对理性的追求。人们多以此为"天人合一"的典型代表,其实孟子的本意并不在此。

关于"万物皆备于我",目前众说纷纭。[3] 宋儒程颢《识仁篇》将这句话单独挑出来,解释为"良知良能,元无丧失"。朱熹《孟子集注》本之,云:"此言理之本然也。大则君臣父子,小则事物细微,其当然之

---

[1] 焦循:《孟子正义》卷十三,中华书局版《诸子集成》本。

[2] 焦循:《孟子正义》卷十三,中华书局版《诸子集成》本。

[3] 仅今人发表的专题论文就有张季平的《"万物皆备于我"辨析》,《文史哲》1984年第3期;黔容的《也谈孟轲"万物皆备于我"的命题》,《文史哲》1984年第4期;王秋生的《孟子的"万物皆备于我"是本体论的命题吗?》,《东岳论丛》1987年第6期;刘泽亮的《"万物皆备于我"考辨》,《湖北大学学报》(社科版)1992年第2期。此外,散见于其他论文、专著中的论述就更多了。

理,无一不具于性分之内也。"①今人据宋人注,或将此解释为人向内自求其先天"良知"中所早已具备的知识;或以为这是一个本体论的命题,意为天下万物都存在于我心中,表现了孟子对宇宙本原的唯心主义观点。② 这些理解都欠准确。这一段论述的原文是:"万物皆备于我矣。反身而诚,乐莫大焉。强恕而行,求仁莫近焉。"(《尽心上》)这段话的中心思想是说"求仁"。最好的求仁方法是什么呢? 就是"强恕而行",努力践行恕道。怎样践行呢? 就是"己欲立而立人,己欲达而达人"(《论语·雍也》),"己所不欲,勿施于人"(《论语·卫灵公》)。别人的欲与不欲,我怎么知道呢? 因为"万物皆备于我矣",人具有备知万物的认识能力。我欲食,知道人亦欲食;我欲安,知道人亦欲安。反之,我不欲冻馁,亦知人不欲冻馁;我不欲苦难,亦知人不欲苦难。如果对待别人像对待自己一样,这就叫作"反身而诚"。"乐莫大焉"是说能这样做是最大的快乐。③ 这段话是孟子的一种道德修养学说,它既不具有本体论的意义,也很难说代表了主观唯心主义的认识路线。

由此可知,我们在谈孟子的认识论时,对当今的流行观念决不能盲从,而应该忠实于《孟子》文本,对其思想进行冷静的思考。

第三节　方法论

孟子的方法论思想中,有着丰富的朴素辩证法内容。这一点,人们在谈论孟子的哲学思想和先秦辩证法史时,是注意得很不够的。

孟子辩证法思想中较为完备、能够作为一种方法论加以自觉运用的是他关于"中""权"和"时"的学说。

---

① 朱熹:《孟子集注》卷十三。
② 艾思奇主编:《辩证唯物主义与历史唯物主义》,人民出版社1978年版,第8-9页。
③ 金景芳:《〈孔子新传〉序》,《学术月刊》1991年第6期。

"中"是儒家哲学的基本观念，又称为"中庸"。《论语·尧曰》云："尧曰：'咨！尔舜！天之历数在尔躬，允执其中。四海困穷，天禄永终。'舜亦以命禹。"据《论语》的记载，在尧禅位于禹、舜禅位于禹时，尧、舜都谆谆告诫其继位者要"允执厥中"。"允执厥中"是什么意思呢？孔子之孙子思作《中庸》，引孔子之言曰："舜其大知也与！舜好问而好察迩言，隐恶而扬善，执其两端，用其中于民，其斯以为舜乎！""执其两端，用其中于民"就是尧、舜所谆谆教训的"允执厥中"的核心内容。这种思想，孔子称之为"中庸"，他说："中庸之为德也，其至矣乎！民鲜久矣。"（《论语·雍也》）这种被孔子称为"至德"的"中庸"，作为思想方法而言，就是坚持用中，不偏不倚，既反对"过"，也反对"不及"（《论语·先进》），主张"叩其两端而竭焉"（《论语·子罕》）。

孟子对这种"中庸"哲学极其赞赏，他说："中道而立，能者从之。"（《尽心上》）只要能坚持"中庸"哲学，有能力的人就会跟随而来。他称赞孔子说："仲尼不为已甚者。"（《离娄下》）孔子是一贯掌握"中"的原则的，所以做什么事都不会过火。又说："汤执中，立贤无方。"（《离娄下》）汤选择贤才，也是坚持"中"的原则。孔子曾说过："不得中行而与之，必也狂狷乎！狂者进取，狷者有所不为也。"（《论语·子路》）孟子对孔子这一段言论大加发挥，认为"中道"最上，"狂"是其次，"狷"是又其次。为什么呢？因为"狂""狷"皆为偏，皆为片面，而"中道"最为正确、全面；但"中道"又不是"乡愿"（《尽心下》）。孟子的这种认识，最接近于孔子"过犹不及"的"中庸"思想。

如果说孟子对"中"的提倡和赞扬是对传统中庸思想的继承，那么，他关于"权"和"时"的论述则是对中庸哲学的进一步发展和补充。

孟子认为"执中"并非"执一"。为此，他以"权"的范畴来补充"执中"学说。① 他说:"杨子取为我,拔一毛而利天下,不为也。墨子兼爱,摩顶放踵利天下,为之。子莫执中。执中为近之。执中无权,犹执一也。所恶执一者,为其贼道也,举一而废百也。"(《尽心上》)孟子比较了杨朱、墨子、子莫三人的生活态度,在他看来,杨朱、墨翟的思想主张都太偏激、片面了,而子莫能行"中道",既不像杨朱一样完全"为我",也不像墨翟一样讲"兼爱",而是在这两者之间行事,所以他是近乎正确的。但是孟子认为光"执中"还不行,"执中"还须有"权",还须讲究权变、灵活运用。这就是说,在维护大原则的前提下,必须根据实际情况有所变通。如果没有这种权变,那就如同"执一"一样,教条主义式地陷入片面性。为此,他通过一个实际事例来说明这一观点。他说:"男女授受不亲,礼也;嫂溺,援之以手者,权也。"(《离娄上》)从道德原则看,要维护男女之大防,男女之间不能亲手递接东西,这是"中"。但是,如果嫂子落水还不去拉她一把,还死守着"男女授受不亲"的原则见死不救,那就违背了"仁"。因此,需要"从权"。可见,孟子首先是维护"中"的原则,但在特殊的情况下,又主张必须有"权",必须有灵活性。不然,"执中"反而会破坏了"中"的原则。孟子对"中""权"关系的论述,已经接触到了原则性和灵活性的关系问题,是一种辩证的方法论。

为什么"执中"还须"通权达变"呢?为了解释这一问题,孟子提出了"时"的范畴。从日常生活、生产的体验中,孟子认识到了"时"的重要性。他说:"不违农时,谷不可胜食也……斧斤以时入山林,材木不可胜用也……鸡豚狗彘之畜,无失其时,七十者可以食肉矣。百亩之田,勿夺其时,数口之家可以无饥矣。"(《梁惠王上》)他引用齐国的俗语说:"虽有镃基,不如待时。"(《公孙丑上》)孟子认识到实行"王

---

① 作为方法论的"权"范畴最早是孔子提出来的。如《论语·子罕》记载:"子曰:'可与共学,未可与适道;可与适道,未可与立;可与立,未可与权。'"

政",必须得"乘势""待时"。由此,他将"时"的认识上升到方法论的高度,说:"彼一时也,此一时也。"(《公孙丑下》)他认为人的行动、思想应该因时而变,不能固守教条。这一观点,突出地表现在他对伯夷、伊尹、柳下惠、孔子四人的评价上。

孟子认为,伯夷、伊尹、柳下惠、孔子固然都是"圣者",但他们的操行又有高下之分。伯夷是"目不视恶色,耳不听恶声。非其君,不事;非其民,不使。治则进,乱则退"。伊尹"其任以天下之重也","治亦进,乱亦进"。柳下惠"不羞污君,不辞小官。进不隐贤,必以其道。遗佚而不怨,厄穷而不悯"。而孔子则"可以速而速,可以久而久,可以处而处,可以仕而仕"。所以孟子评论说"伯夷,圣之清者也;伊尹,圣之任者也;柳下惠,圣之和者也;孔子,圣之时者也。孔子之谓集大成"(《万章下》),认为孔子高过了伯夷、伊尹、柳下惠,集中了他们所有的长处。为什么呢?因为伯夷、伊尹、柳下惠作为"圣者",都有所不足。伯夷、伊尹太过于执着,柳下惠太过于随和,他们都不能根据具体情况恰当地处理自己的进退。而孔子却不同,对于进、退是"可以速而速,可以久而久,可以处而处,可以仕而仕"。这就是孔子所说的"我则异于是,无可,无不可"(《论语·微子》),即一切按具体时间条件办事,没有一定的"可",也没有一定的"不可";也就是说,"可"与"不可"二者从表面上看尽管是对立的,但在一定的条件下可以互相转化,"可"可以变成"不可","不可"可以变成"可"。如孔子去齐,速是可;而去鲁,速就变成不可了。去齐时,迟是不可;而去鲁时,迟就变成可了。①这种根据客观条件办事的方法,孟子称之为"时"。所以,孟子所谓"时",就是指用辩证和发展变化的观点来处理问题。在孟子看来,孔子是在这方面做得最好的。因此,孟子称赞孔子为"圣之时者",称之为"集大成"。

---

① 金景芳:《论孔子思想的两个核心》,《历史研究》1990 年第 5 期。

尚"时"的精神,还鲜明地体现于孟子的下面这段话中:"可以取,可以无取,取伤廉。可以与,可以无与,与伤惠。可以死,可以无死,死伤勇。"(《离娄下》)朱熹《孟子集注》称:"过取固害于廉,然过与亦反害其惠,过死亦反害其勇。盖过犹不及之意也。"按,"取伤廉"应为"无取伤廉"。① 这从下文的"与伤惠""死伤勇"可知。"与"本是"惠","死"本为"勇",但孟子却称之为"伤",可见此"与""死"都是指的特例。因此,"廉"的特例应是"无取","取"为通例,与下文意思不协,《孟子集注》说不可取。孟子这是说,按照廉的原则,本不应该取于人,可是在有的时候,不取于人,倒会妨碍廉;按照惠的原则,应对人施予,可是有的时候,施予反而妨碍惠;按照勇的原则,应视死如归,可是有的时候,却不能死,死了反而不能称为勇。所以,"取""与""死"也应因时而定,可以取则取,可以与则与,可以死则死,不能不分时间、场合、对象,一味地强调"取""与""死"。这种尚"时"的观点,正是孟子辩证方法论的体现。

由上可知,孟子所谓"中"并非"执一"之"执中",而是"权中""时中"。孟子对传统中庸哲学的这一新阐释,使中庸哲学更富于辩证精神。所以,在儒家辩证法的发展过程中,孟子占有不可忽视的地位。除"权中""时中"这些辩证方法论之外,孟子还有许多涉及辩证法的言论。如"人有不为也,而后可以有为"(《离娄下》),这是揭示矛盾双方的相反相成关系;"西子蒙不洁,则人皆掩鼻而过之;虽有恶人,齐戒沐浴,则可以祀上帝"(《离娄下》),这是说矛盾对立的双方,在一定条件下可以相互转化;其论"志"与"气"(《公孙丑上》),则说明矛盾对立双方的地位有主次之分;他与告子论人性,明确提出了"类"的概念,认识到同类事物具有共同性;与陈相论"物之不齐,物之情也"(《滕文公上》),又指出事物的多样性和差异性;他的"方寸之木,可使高于岑

① 谭承耕:《〈论语〉〈孟子〉研究》,湖南教育出版社1990年版,第153页。

楼。金重于羽者,岂谓一钩金与一舆羽之谓哉"(《告子下》)、"杯水车薪"(《告子上》)、"五十步笑百步"(《梁惠上》)等论述则显然包含了关于事物量变与质变的思想。这些认识,尽管是零散的、朴素的、自发的,还没有上升到方法论的高度,但都包含着辩证法的内容,闪烁着智慧的光芒。

总之,从天命观到认识论、方法论,孟子的哲学思想包含着许多值得肯定的精华。简单地将其斥为唯心论,是不符合历史事实的。

第七章 雄辩之术

> 诐（bì）辞知其所蔽，淫辞知其所陷，邪辞知其所离，遁辞知其所穷。
>
> ——《公孙丑上》

人称孟子"好辩"，孟子自谓"知言"。《孟子》七篇，论战性强，感情充沛，言辞机敏，气势雄健，"语约而意尽，不为刻斩绝之言，而其锋不可犯"[1]。因此，孟子不愧为战国时代有名的雄辩家，《孟子》之文，更超出于当时所谓策士之言。探讨孟子的雄辩之术，对于提高我们的论辩水平，是很有启发的。

第一节 以气势取胜

孟子"好辩"，而且往往辩无不胜，原因何在？我们认为，这固然与他的论辩技巧有关，但更与他的思想水平有关。思想内容的正确，认识见解的深刻，使得孟子具有一股慑人的气势。孟子的论辩，首先就是凭气势取胜。

孟子认为，作为"大丈夫"，"居天下之广居，立天下之正位，行天下之大道"，就能不淫于富贵，不屈于威武，不移于贫贱。所以，在精神上，他就保持了一股压倒对方的气势。

---

[1] 苏洵：《上欧阳内翰第一书》，《四库全书》集部别集类《嘉祐集》卷十二。

面对诸侯,孟子说:"说大人,则藐之,勿视其巍巍然。堂高数仞,榱(cuī)题数尺,我得志,弗为也。食前方丈,侍妾数百人,我得志,弗为也。般乐饮酒,驱骋田猎,后车千乘,我得志,弗为也。在彼者,皆我所不为也;在我者,皆古之制也,吾何畏彼哉?"(《尽心下》)

诸侯有爵,"我"有德,德与爵相比较,德高于爵。孟子与诸侯论辩时,由于真理在胸,因而能够藐视他们,在精神上树立起优势,故能高谈阔论、纵横排阖,甚至能犯颜诘问、步步紧逼。

孟子批驳杨、墨学说,认为"杨氏为我,是无君也;墨氏兼爱,是无父也。无父无君,是禽兽也"(《滕文公下》)。他批评告子的人性论,认为告子之言是"率天下之人而祸仁义者"(《告子上》)。他批驳许行、陈相之说,认为他们的学说"是乱天下也","从许子之道,相率而为伪者,恶能治国家"(《滕文公上》)。

总之,孟子"好辩",并不是为了一己之私利,而是为了推行仁政,为了"正人心,息邪说,距诐行,放淫辞,以承三圣"(《滕文公下》)。这种历史责任感和忧国忧民之情,使得他的论辩带有一股凛然正气,他的对手,即便是万乘之尊的大国诸侯,在他面前,也不得不自觉理屈,居于下风。古人评论说:"人品心术正大光明,议论开口见心,更无回互诡谲之谈,行己与人,坦然宽平,虽频笑不苟,而亦无矫激违情。"①如此评论,也正是看到这点。

孟子这种凛然正气表现在论辩的语言形式上,就使得其语言极富气势,震撼人心。因此,其论辩常常是使用一组组的排比句和夸张的手法,使其辞锋势不可挡,直贯而下。

他揭示百姓的痛苦,就说:"庖有肥肉,厩有肥马,民有饥色,野有饿莩,此率兽而食人也。兽相食,且人恶之;为民父母,行政,不免于率兽而食人,恶在其为民父母也?"(《梁惠王上》)

---

① 郝敬:《读孟子》。

　　他揭露"上下交征利而国危"的现象，就说："万乘之国，弑其君者，必千乘之家；千乘之国，弑其君者，必百乘之家。万取千焉，千取百焉，不为不多矣。苟为后义而先利，不夺不餍。"(《梁惠王上》)

　　他宣扬仁政的巨大威力，就说："今王发政施仁，使天下仕者皆欲立于王之朝，耕者皆欲耕于王之野，商贾皆欲藏于王之市，行者皆欲出于王之涂，天下之欲疾其君者皆欲赴愬于王。其若是，孰能御之？"(《梁惠王上》)

　　其余如说仁政收效之易，称为"天下可运于掌"(《梁惠王上》)；形容"浩然正气"，则曰"塞于天地之间"(《公孙丑上》)；称赞孔子，则曰"自有生民以来，未有孔子也"(《公孙丑上》)。孟子不但能在论辩中以气势取胜，也能在单纯论述一个问题时以自己的"浩然正气"感人肺腑。这方面最典型的是《告子上》中的《鱼我所欲也》章。

　　该章的主旨是论证"义"的价值高于生命，为了坚持正义，人应该有舍生取义的气节。一开头，孟子并没有直接切题，而是先从人们生活中可能遇到的事例取比："鱼，我所欲也；熊掌，亦我所欲也。二者不可得兼，舍鱼而取熊掌者也。"这样，就给他所要论述的高深理论增加了通俗性，把一个有关人生价值的重大问题举重若轻地提了出来。按照人之常情，在两者不可兼得的情况下，人们自然会选择更珍贵的东西。于是，孟子紧接着入题："生亦我所欲也，义亦我所欲也；二者不可得兼，舍生而取义者也。"下文就反复围绕"舍生取义"这一道理进行阐发："生亦我所欲，所欲有甚于生者，故不为苟得也；死亦我所恶，所恶有甚于死者，故患有所不辟也。如使人之所欲莫甚于生，则凡可以得生者，何不用也？使人之所恶莫甚于死者，则凡可以辟患者，何不为也？由是则生而有不用也，由是则可以辟患而有不为也，是故所欲有甚于生者，所恶有甚于死者。非独贤者有是心也，人皆有之，贤者能勿丧耳！"

这段议论"纯以比偶行文,疏越松快"①,虽然旨在说理,但感情充沛,慷慨高亢,崇高而又显悲壮,动人心魄。孟子接着又说:"一箪食,一豆羹,得之则生,弗得则死,嘑尔而与之,行道之人弗受;蹴尔而与之,乞人不屑也。万钟则不辩礼义而受之,万钟于我何加焉?为宫室之美、妻妾之奉、所识穷乏者得我与?乡为身死而不受,今为宫室之美为之;乡为身死而不受,今为妻妾之奉为之;乡为身死而不受,今为所识穷乏者得我而为之,是亦不可以已乎?此之谓失其本心。"这里对不辩礼义、贪图富贵者进行严正谴责,语气由悲壮一转为严峻、冷峭,一连串的反问与质问,表现了孟子鞭挞和鄙夷的态度。

人们历来盛赞此章在谋篇布局、用词造句上的功力,其实,它最动人的还是孟子那种"舍生取义"的"浩然正气",这种"正气",使得孟子之文气势纵横,其感情如三峡之水一泻而下。因此,与其说孟子之议论以辞胜,还不如说以气胜。

第二节 雄辩有术,议对有方

孟子善辩,长于气势,也长于辩术。他自称"我知言",认为自己"诐辞知其所蔽,淫辞知其所陷,邪辞知其所离,遁辞知其所穷"(《公孙丑上》),显然是对论辩之术下了一番功夫。从孟子辩论的逻辑运用来看,他的辩术主要有三种:

第一是移花接木,借题发挥。

孟子论辩的对象,多是当时的各国诸侯。这些人既是孟子批判的对象,又是其争取的对象。对这种论敌,批判是为了争取。因此,孟子的论辩有着双重的困难,既要批判他们的错误思想和行为,又要照顾他们的颜面以不致使他们翻脸,这样才能吸引他们采纳自己的主张。

---

① 牛运震:《孟子论文》。

从这种特殊的论辩对象出发,孟子采取了移花接木、借题发挥的论辩方法。比如《梁惠王下》中的《齐宣王问》章,齐宣王对孟子的主张本来不感兴趣,因此他以"寡人有疾,寡人好货""寡人有疾,寡人好色"为托辞,搪塞孟子的进言。"好色""好货"本来是坏事,孟子如果直接批驳齐宣王,那与齐宣王就没有共同话题了,谈话就无法继续下去,齐宣王也就不会听取他的主张。孟子为了使谈话能继续进行下去,为了激发齐宣王的兴趣,他就采取了移花移木的办法,不仅不批判齐宣王的"好货""好色",反而肯定"好货""好色"为理所当然,与王业并不冲突。他引用历史事实,说著名的贤君公刘也"好货",文王也"好色",抓住了齐宣王的话题;接着借题发挥,将"好货""好色"引向"与百姓同之"。这样,诸侯的一己之私欲变成了推恩的仁政,齐宣王的话题引出了孟子的学说。这种论辩方法,既对齐宣王进行了正面引导,照顾了他作为国君的尊严,又间接地批判了他的错误,达到了论辩的目的。这种辩术,不能不令人叹服。

第二是欲擒故纵,以问诱敌。

当一个错误论题出现时,孟子常常表现得从容不迫,不急于反驳,而是从似乎与题并不相干的角度层层发问,以问为攻,直至水到渠成,论敌逻辑上的自相矛盾和理论上的根本弱点彻底暴露,他才反戈一击,使论敌陷入绝境。《滕文公上》中的《有为神农之言》章就是这样的典型。陈良之徒陈相推崇农家代表许行"贤者与民并耕而食,饔飧而治"的观点,孟子欲擒故纵,先不忙于反驳,而是避开论题,从似乎不相干的事情上问起:"孟子曰:'许子必种粟而后食乎?'曰:'然'。'许子必织布而后衣乎?'曰:'否,许子衣褐。''许子冠乎?'曰:'冠。'曰:'奚冠?'曰:'冠素。'曰:'自织之与?'曰:'否,以粟易之。'曰:'许子奚为不自织?'曰:'害于耕。'曰:'许子以釜甑爨,以铁耕乎?'曰:'然。''自为之与?'曰:'否,以粟易之。''以粟易械器者,不为厉陶冶;陶冶亦以其械器易粟者,岂为厉农夫哉? 且许子何不为陶冶,舍皆取诸其官中而用之？何为纷纷然与百工交易？何许子之不惮烦？'"这段问答一开始很像家常问话，语气平淡缓和，然而一连串十一个发问，语气步步紧逼，语义层层推进，直问得陈相山穷水尽，不知不觉进入了孟子预设的圈套，回答出了与其论点根本矛盾的"百工之事固不可耕且为也"之语，这正是孟子所要得出的结论。这个由一般归纳而推出的结论，论据由论敌提供，结论由论敌导出，论敌完全按照孟子的思路行事。然后，孟子再抓住这一结论进行演绎推理，由生产分工的必然性扩展到整个社会分工的必然性，海阔天空，纵横驰骋，从根本上驳倒了陈相所推崇的许行学说。这种论辩方法，以设问诱敌入彀，等到论敌暴露出自己逻辑上的悖论后，再以子之矛，攻子之盾，取得后发制人的效果。宋人叶适论孟子论辩云"大抵逆来顺往，无问其所以，必得吾之所以言而后止"①，正是看到孟子辩术的这一特色。

　　《梁惠王上》中的《寡人之于国》章也是如此。梁惠王问孟子："寡人之于国也，尽心焉耳矣。河内凶，则移其民于河东，移其粟于河内。河东凶亦然。察邻国之政，无如寡人之用心者。邻国之民不加少，寡人之民不加多，何也？"孟子对此避而不答，却出乎意料地讲了一个以五十步笑百步的故事，问梁惠王："以五十步笑百步，则何如？"结果，梁惠王只好说："不可，直不百步耳，是亦走也。"于是，孟子抓住这一句话，话题一转，回答了梁惠王先前的问话："王如知此，则无望民之多于邻国也。"从形式逻辑而言，这是一个以充分条件的假言判断为前提的推论。梁惠王的意思是：若尽心于民，梁之民应多于邻国。无疑孟子也同意这一观点。但他的比喻里暗含着这样一个否定的推论：今王未尽心于民，故无望民之多于邻国。这实际就否定了梁惠王"寡人之于国也，尽心焉耳矣"的说法，但说得很委婉，不致使梁惠王下不来台。这就给接下来阐述"不违农时""五亩之宅，树之以桑"的仁政学说提供了机会。

---

　　① 叶适：《习学记言序目》。

　　《齐桓、晋文》章也是孟子欲擒故纵、以问为攻的代表作之一。齐宣王想学霸术,向孟子打听齐桓公、晋文公的情况。孟子却说,仲尼之徒不讲桓、文之事,要讲就讲王道。齐王问他怎样才可以王天下,孟子说:"保民而王,莫之能御也。"齐王问:"像我这样可以保民吗?"孟子说,可以。于是他就以齐王不忍以牛衅钟为例,说明"今恩足以及禽兽,而功不至于百姓者",是"不为也,非不能也"。一番话说得齐王十分高兴。接着,孟子反问齐王:为什么不实行王道?是不是要"兴甲兵,危士臣,构怨于诸侯",然后才痛快呢?齐王说不是,"将求吾所大欲也"。孟子明知其所谓"大欲"是什么,偏偏故意发问:"为肥甘不足于口与?轻暖不足于体与?抑为采色不足视于目与?声音不足听于耳与?便嬖不足使令于前与?"这一系列发问属于"空中撰设,以廓其势。此文章家故作挪展挑弄处"①。经过这样反复的欲擒故纵,敛气蓄势已足,孟子才挑明:"然则王之所大欲可知已。欲辟土地,朝秦楚,莅中国而抚四夷也"。一语道破了齐王的隐衷。紧接着又指出:"以若所为,求若所欲,犹缘木而求鱼也。"齐王不信,认为这说得过分了。孟子说,恐怕比这还要厉害呢,"缘木求鱼,虽不得鱼,无后灾,以若所为求若所欲,尽心力而为之,后必有灾"。于是,他就以邹国与楚国打仗设喻,说明小固不可敌大,弱固不可敌强,齐只占天下的九分之一,以一服八,岂不像以邹敌楚吗?把利害关系分析清楚之后,孟子才提出他的仁政理想,最后归结为实行仁政必然会王天下。在这段论辩中,孟子由答而问,由被动化为主动,将热衷于霸道的齐王一步步引上的他的王道话题,最后终于以王道理想打动了他。宋代散文大家苏洵云"上下之间呼吸变化,奔腾控御,若捕龙蛇"②,就是感于孟子论辩的这一方法而发。

　　表现孟子这一论辩方法的更有《梁惠王下》中的一章妙文:"孟子

---

① 牛运震:《孟子论文》。
② 苏洵:《苏批孟子》。

谓齐宣王曰：'王之臣有托其妻子于其友而之楚游者，比其反也，则冻馁其妻子，则如之何？'王曰：'弃之。'曰：'士师不能治士，则如之何？'王曰：'已之。'曰：'四境之内不治，则如之何？'王顾左右而言他。"孟子批评齐王，针对"当局者迷，旁观者清"的现象，先诱使齐王对与己无关的事情发表正确的意见，再顺理延伸，由远及近，以其人论人之道还治其人之身。结果，齐宣王被自己的逻辑逼得无言以对。孟子将这种欲擒故纵、以问为攻的方法，真是发挥到了极致。

第三是辩证权变，左右逢源。

孟子善辩，并非他的论敌太弱。从《孟子》一书的记载我们可以看到，与孟子论争的淳于髡、告子、周霄等人都是一时辩家。这些犀利的提问，不要说当场回答，就是闭门深思，也不易于得出正确的答案。但孟子本于辩证的方法论，熟练地运用形式逻辑，对这些疑难都作出了较好的回答。比如《离娄上》中记载："淳于髡曰：'男女授受不亲，礼与？'孟子曰：'礼也。'曰：'嫂溺，则援之以手乎？'曰：'嫂溺不援，是豺狼也。男女授受不亲，礼也；嫂溺，援之以手，权也。'"淳于髡的发问相当刁钻，一是守"礼"，一是救人，这是不相容的选言论证。肯定一方，必然会否定另一方；而否认任何一方都是错误的。但孟子独出心裁，用辩证的方法来对待这一形式上的两难，提出一个"权"字来，认为礼有经有权，不讲权而死守教条，那简直是豺狼而不能算是人。这样轻轻一击，就破除了淳于髡为他设置的陷阱。又如《公孙丑下》记载："陈臻问曰：'前日于齐，王馈兼金一百而不受；于宋，馈七十镒而受；于薛，馈五十镒而受。前日之不受是，则今日之受非也；今日之受是，则前日之不受非也。夫子必居一于此矣。'孟子曰：'皆是也。当在宋也，予将有远行，行者必以赆；辞曰："馈赆。"予何为不受？当在薛也，予有戒心；辞曰："闻戒，故为兵馈之。"予何为不受？若于齐，则未有处也。无处而馈之，是货之也。焉有君子而可以货取乎？'"这在开始也给了孟子一个两难问题。陈臻使用逻辑上的排中律和矛盾律来批评孟子。

矛盾律要求,在同时同地同一条件下,对同一事物,不能既肯定之而又否定之;或者既否定之而又肯定之。排中律要求,对于两个对立概念,必须肯定一个或否定一个,不能模棱两可。所以前是则今非,今是则前非,二者必居其一。孟子的反驳,也还是利用这两条逻辑规律。因为这两条规律应用的前提是时间、地点、条件必须相同。如果时间、地点、条件不同,这两条规律则不适用,故不能以前是定今非,或以今是断前非。孟子认为在宋曰"馈賟",在薛曰"闻戒",都有正当的名义。而在齐则是"无处而馈之,是货之也。焉有君子而可以货取乎",故不受。于是这一表面上的两难问题就被他的前提批判而否定了。孟子的这一回答,既表现出他的逻辑修养,也表现了他处理问题的高超水平。

与此类似的还有《告子下》中记载的孟子答"礼与食孰重"之问。孟子认为:"不揣其本,而齐其末,方寸之木可使高于岑楼。金重于羽者,岂谓一钩金与一舆羽之谓哉? 取食之重者与礼之轻者而比之,奚翅食重? 取色之重者与礼之轻者而比之,奚翅色重?"这就是说,作比较要注意质与量的界限,分辨性质与程度的关系,不能抓住某些特殊情况作不等量的比较。这种回答充满了辩证精神。正是由于孟子既熟谙形式逻辑,又掌握了论辩方法,所以他在论辩中能左右逢源、所向披靡。

第三节　长于譬喻

赵岐《孟子题辞》说:"孟子长于譬喻,辞不迫切而意已独至。"可见,善于使用比喻说理,是孟子论辩的一大特色。据不完全统计,《孟子》全书 261 章,比喻就使用了 160 来个。[①]

孟子使用譬喻,不但多,而且巧。孟子比喻之巧,首先在于其"能

---

① 谭家健、郑君华:《先秦散文纲要》,山西人民出版社 1987 年版,第 108 页。

近取譬"，因而生动形象，颇能打动读者。比如"仁之胜不仁，犹水之胜火也"(《告子下》)，"古之君子，其过也，如日月之食，民皆见之；及其更也，民皆仰之"(《公孙丑下》)，"欲见贤人而不以其道，犹欲其入而闭之门也"(《万章下》)，等等。这些比喻都是取之于人们日常生活之事，易于被人们接受。对不同的论敌，孟子也能针对其不同身份和爱好选择恰当的比喻。对于梁惠王，他说"王好战，请以战喻"(《梁惠王上》)。对于好乐的齐宣王，他说"臣请为王言乐"(《梁惠王下》)。对于带兵的平陆大夫，他则以"子之持戟之士，一日而三失伍"(《公孙丑下》)为喻。总之，取喻一切从论辩的实际出发，从增强说理的效果出发。

孟子的比喻之巧，又表现在本体和喻体之间不但形似，而且具有内在的本质联系上。如《滕文公下》中记载："戴盈之曰：'什一，去关市之征，今兹未能，请轻之，以待来年，然后已，何如？'"孟子对此不置可否，却讲了一个故事："今有人日攘其邻之鸡者，或告之曰：'是非君子之道。'曰：'请损之，月攘一鸡，以待来年，然后已。'"这两件事初看似乎相差甚远，然类异理同，实际有着本质的联系。喻体这个显然错误的故事里包含着一个推论，即如暂轻关市之征以待来年而后已可以的话，那么从日攘一鸡改为月攘一鸡到来年才停止也是可以的。这样就把戴盈之的观点推到了荒谬，得出"如知其非义，斯速已矣，何待来年"的结论就非常自然了。《梁惠王上》中的《寡人之于国》章也是如此。梁惠王自认自己对于国家较他国之君尽心，自己的政策比邻国好，可是邻国之民不减少，本国之民不增多，以此向孟子请教。孟子以士兵临阵脱逃为喻，"或百步而后止，或五十步而后止，以五十步笑百步，则何如？"风趣地说明魏国的政策和邻国相差无几，本质上都是虐民的，所以不必奢望民之多于邻国。本体和喻体内在的贴切，使孟子的比喻充满了逻辑的力量。

孟子的比喻之巧，还体现于比喻形式的灵活性。《孟子》一书，用喻手法丰富多变,有时在文前,有时居文末,有时夹于议论之中;有时单用,有时连用;有时主体喻体并列,如《告子上》中的《鱼我所欲》章;有时喻言正言互迭,如《告子下》中的《礼与食孰重》章;有时全章皆喻,如《尽心上》中的《晋人有冯妇》章;有时整段用比,如《告子上》中的《牛山之木》章。不论哪种情况,都能做到喻意水乳交融,化抽象为形象,收到"不待评说而人已自悟"的效果。像"仁,人心也;义,人路也。舍其路而弗由,放其心而不知求,哀哉! 人有鸡犬放,则知求之;有放心而不知求"(《告子上》)这样的比喻,将抽象的仁义原则比作具体的"心""路",又将人们对"鸡犬放"和"放心"两种不同的态度进行比较,看似轻描淡写,其实含蕴极深。像"挟太山以超北海"比喻不能行之事,又见于《墨子·兼爱中》,由于《墨子》使用的艺术性不高,所以很少为人们道及。而孟子在说齐宣王时,用它来说明同样的问题,并与为长者折枝对比,则显得活泼自然,给人以极深的印象。

　　孟子又往往喜欢用故事做比喻,这样他的许多比喻,实际已成为寓言,如《公孙丑上》中的"揠苗助长",《滕文公下》中的"楚人学齐语""攘鸡",《离娄下》中的"逢蒙杀羿""乞食间",《告子上》中的"学弈"等。这些寓言,不但能确切说明事理,而且有生动的故事情节,有鲜明的形象描写。如"揠苗助长":"宋人有闵其苗之不长而揠之者,芒芒然归,谓其人曰:'今日病矣! 予助苗长矣!'其子趋而往视之,苗则槁矣。"这一寓言尽管总共才四十字,却有头有尾,交代了动机,说明了效果,写了行为,记了言语,显示了神态和语气,将宋人急于求成、自以为是的心理,活灵活现地刻画出来了,真是"具体而微",精练之至。寓言里艺术性更强的当数《离娄下》中的"乞食间"。它叙写了一个终日在外面行乞、回家却向妻妾吹嘘自己在富贵人家吃够酒肉的齐人的故事,借以揭露当时一些追求富贵利禄之徒可耻而又可怜的行为和心理。其内容由五个步骤组成:一是齐人对妻子的夸口;二是妻子的怀疑和妻妾间的计议;三是妻子跟踪和真相大白;四是妻妾的羞愧和哭骂;五是良人不知,回家依然洋洋自得的丑态。这几个步骤,特别是后三步,描写手法相当高超。有人分析说:"卒之东郭间,之祭者——心目中点缀法也。施施从外来,骄其妻妾——加倍描写法也。"[1]"良人者,所仰望而终身也,今若此!"这样的语言描写,也富于强烈的表现力。特别是"今若此"这个半截句,入木三分地刻画出女人失望伤心、呜咽不能言之态。人称"三字顿挫,无限烟波"[2],正是看到了个中深意。由于这一寓言深刻的寓意和高超的艺术性,明人孙奇龄将它改编成传奇《东郭记》,清代著名小说家蒲松龄又将此改编为《东郭箫鼓儿词》,给后人以很大的影响。

平心而论,孟子作为一个雄辩家,其雄辩中也不乏诡辩,这主要是由他的认识水平决定的。孟子的诡辩表现得最明显的莫过于他和告子论性,这一点我们在前文已经详细阐释过,这里就不再赘述了。

---

[1] 唐文治:《十三经评点札记》卷四十五。
[2] 唐文治:《十三经评点札记》卷四十五。

第八章 经学大师

说诗者，不以文害辞，不以辞害志。以意逆志，是为
得之。

——《万章上》

"六经"原称"六艺"，指《诗》《书》《礼》《乐》《易》《春秋》。它们
是孔子选定、整理的古代文化遗产的代表著作，又是孔子教育学生所
使用的教材和所设置的课业。它们既是孔子学术思想的来源，又渗透
着孔子及其门人的学术思想。儒家学派是以孔子为师的，所以，"六
经"也就是儒家学说的源头。

孟子自称为"仲尼之徒"，说"乃所愿，则学孔子也"（《公孙丑
上》）。因此，他对"六经"的学习和运用、理解也很下了功夫，在"六
经"的传授上也具有很大的影响。探讨孟子和六经的关系，透视孟子
是如何理解和运用"六经"的，对于经学史和孟子思想的研究，都是一
个颇有意义的课题。

第一节 孟子与《诗》《书》

赵岐《孟子题辞》说："（孟子）治儒术之道，通五经，尤长于《诗》
《书》。"可见在儒门诸经中，孟子最为擅长的是《诗经》和《尚书》。司
马迁《史记·孟子荀卿列传》也说，孟子与其徒公孙丑之属"作《孟子》
七篇"是"序《诗》《书》，述仲尼之意"。足见《诗》《书》这两部儒家经

典在孟子思想中占据着突出的地位。

《孟子》一书引《诗》、论《诗》共三十四处,其中引《诗》三十处,论《诗》四处。孟子引《诗》有如下特点:

一是所引《诗》皆出自今本《诗经》。这与《荀子》不同,《荀子》引《诗》八十三次,其中就引"逸诗"七次。而孟子所引无一"逸诗",这说明孟子引《诗》是严格以孔子所删定的《诗经》为准则的。据此推论,孟子平时教育学生,也是以《诗》三百篇为范本,对于"逸诗"则弃而不取。孟子弟子万章、咸丘蒙、公孙丑引《诗》,也无一不出《诗》三百篇之范围,这也是一证。

二是所引《诗》多出于《大雅》,共十九次,而《风》只引四次,《小雅》四次,《颂》三次。所引《大雅》,又多出于反映周人先祖史实的诸篇,如《绵》《文王》《公刘》等。这与孟子论证其仁政学说、主张法先王的思想是密切相关的。

三是引《诗》时喜欢加以解释和发挥。这些解释和发挥,大多都很妥当。如引《小雅·大田》之"雨我公田,遂及我私"来证明周实行助法的井田制度(《滕文公上》),很有说服力。又如引《邶风·柏舟》之"忧心悄悄,愠于群小"来描绘孔子中年以后的遭遇,说明孔子虽在当时不容于"群小",但无伤其学术之高深和人格之伟大(《尽心下》),甚合孔子的实际情况。但孟子也不乏"赋《诗》断章,各取所需"以致违背《诗》义之处。如其两引《鲁颂·閟宫》"戎狄是膺,荆舒是惩"之句(《滕文公上》《滕文公下》),这明明是鲁僖公时的诗,孟子为了论证的需要,两次皆拉到周公旦身上;再如他引《大雅》中《公刘》《绵》之诗,来证明"公刘好货""太王好色"(《梁惠王下》),也系牵强;又如他引《小雅·大东》之"周道如砥,其直如矢,君子所履,小人所视",作为对人君"欲见贤人而不以其道"的责难之辞(《万章下》),也超出了诗句的原意。这种用《诗》的习惯,和孟子对《诗》的认识有关。在孟子看来,《诗》只是工具,而不是目的。为了阐明自己的仁政理想,曲解

《诗》意也是可以的。

　　孟子对《诗》的历史发展做过考察。他说："王者之迹熄而《诗》亡,《诗》亡然后《春秋》作。"(《离娄下》)这实际有三层意思:一是交代《诗》三百篇的来源;二是说采诗制度是王道的一项重要内容,王道的兴废决定了采诗制度的兴废;三是揭示采诗制度与孔子作《春秋》内在精神的联系。相传,上古盛世有采诗制度,设有采诗之官。采诗官在每年春、秋两季分两次出访,考察民情风俗,了解民间疾苦。何休云:"男女有所怨恨,相从而歌,饥者歌其食,劳者歌其事。"①采诗官把这些歌谣搜集起来,上陈于太师(掌乐之官),朝廷以此而探知民心,作为施政的参考。东周以来,王室衰微,采诗之官废,故赵岐注云:"太平道衰,王迹止熄,颂声不作,故诗亡。"《诗》三百篇,就是从采诗官所采之诗中选择出来的,最能代表朝廷采诗的精神,反映王道的兴盛。"《诗》亡",即采诗制度亡,象征着王道的消亡。孔子有鉴于此,故作《春秋》而褒贬政治。所以,孔子作《春秋》和采诗官采诗以达民意,其精神是一致的。孟子这段话虽然是讲《诗》的历史发展,但实际凸显的是《诗》和采诗制度的功用及其精神实质。

　　孟子对读《诗》,提出了一条重要的方法,这就是要知人论世。他说:"颂其诗,读其书,不知其人,可乎? 是以论其世也。是尚友也。"(《万章下》)这里所谓"诗",是指广义的诗,不单指《诗经》,但他所说的这种读诗法,也适用于《诗经》。所谓"知其人",就是了解诗的作者,了解诗人的身世;所谓"论其世",就是了解诗作产生的时间、政治文化背景等主客观环境等。孟子认为,要通过"论其世"来"知其人",再通过"知其人"来知"其诗",这样"颂诗"才能得诗人之意。这种观点,应该说是一种正确的文学观。孟子在他的《诗》评中,也贯彻了这一观点。这从《告子下》的记载中可以得到清楚的认识:"公孙丑问

---

　　①　《公羊传·宣公十五年解诂》。

曰：'高子曰：《小弁》，小人之诗也。'孟子曰：'何以言之?' 曰：'怨。'
曰：'固哉，高叟之为诗也！有人于此，越人关弓而射之，则己谈笑而道
之；无他，疏之也。其兄关弓而射之，则己垂涕泣而道之；无他，戚之
也。《小弁》之怨，亲亲也。亲亲，仁也。固矣夫，高叟之为诗也！'曰：
'《凯风》何以不怨?' 曰：'《凯风》，亲之过小者也；《小弁》，亲之过大
者也。亲之过大而不怨，是愈疏也；亲之过小而怨，是不可矶也。愈
疏，不孝也；不可矶，亦不孝也。孔子曰："舜其至孝矣，五十而慕。"'"

《小雅·小弁》是一首讽刺周幽王的诗。周幽王宠爱褒姒，废太子
宜臼，改立褒姒的儿子伯服，太子因赋此诗。学者高子认为《小弁》是
小人之诗，因为太子对父王有怨恨之情。孟子认为高子对《小弁》一诗
的理解太偏颇固执了。因为周幽王放逐太子，废嫡立庶是关系天下国
家的大事，要是对这种大事还无动于衷，那就只能说是不孝。所以孟
子认为，《小弁》的怨愤之情是正常的，是可以理解的；而《凯风》没有
怨恨之情是因为母亲的过错小，父母的过错小却去抱怨，是不该怨而
去怨，这也是一种不孝。所以，不能以《凯风》的无怨去批评《小弁》的
怨，因为两者所关涉的具体情况不同。即使是至孝的大舜，到了五十
岁也还有怨慕之情，因此，更不能要求太子宜臼在那种情况下赋诗还
能不怨。这说明孟子论《诗》能够知人论世，具体情况具体分析，而不
是死守教条。

孟子对读诗，还提出了一条重要的原则，这就是："说诗者，不以文
害辞，不以辞害志。以意逆志，是为得之。"(《万章上》)这就是说，解
说诗，不要拘于文字而误解词句，也不要拘于词句而误解原意。正确
的方法就是要用自己切身的体会去推测作者的本意。只有透过文辞，
了解作者的用意，才是善读诗者。他举例说："如以辞而已矣，《云汉》
之诗曰：'周余黎民，靡有孑遗。'信斯言也，是周无遗民也。"(《万章
上》)孟子认为，如果不去了解作者的用意，只凭个别词句去理解，就会
得出错误的结论来。比如《云汉》之诗说："周朝剩余的百姓，没有一

个存留。"如果相信了这一句话,以为周朝没有一个人存留下来,这就大错特错了。孟子这一观点,实际上是把握了诗歌作为一种文学体裁的艺术特质。艺术源于生活而又高于生活,它的本质是真实的,但它具体表现的细节并不等于生活的真实。因此,文学作品为表现主题,是允许有夸饰的。孟子论诗,早在二千余年前就看到一点,目光是异常犀利的。张载说:"古之能知诗者,惟孟子为以意逆志也。"①此应不为过。

《孟子》引《书》、论《书》共三十八次。其中引逸《书》十二次,如:"《书》曰:天降下民,作之君,作之师。"(《梁惠王下》)赵岐注:"《尚书》逸篇也。""《书》曰:汤一征,自葛始。""《书》曰:我后,后来其苏。"(《梁惠王下》)赵岐注:"此二篇皆《尚书》逸篇之文也。"由此可知,孟子所见到的《尚书》,大大超过今文《尚书》二十八篇。今文《尚书》乃伏生所传,为秦火之余。扬雄《法言·内神》《汉书·艺文志》《论衡·正说》并谓《尚书》百篇,这是有根据的。孟子所称引的大量逸《书》当是孔子所编定,孟子以此作为教材,以此作为其论说的根据,其篇目当比今文二十八篇多得多,这就是《孟子》书中逸《书》屡见的原因。②

为了论证的需要,孟子引《书》喜欢改动原文。有时他用硬译法,如将《皋陶谟》中的"禹拜昌言"说成"禹闻善言则拜"(《公孙丑上》),更换了《尚书》原话中的几个字,以便于人们理解。有时他用意译法,领会《书》的原意后,干脆用自己的话说出来。如他叙述武王伐纣与商民相见的情形说:"王曰:'无畏!宁尔也,非敌百姓也。'若崩厥角稽首。"(《尽心下》)这与现存《泰誓中》的"勖哉夫子!罔或无畏,宁执非敌。百姓懔懔,若崩厥角"一段话有相似之处,古本《泰誓》中的这段话与孟子的叙述则有更多的相似之处。③ 这实际是孟子对《尚书》中

---

①　张载:《经学理窟》。
②　钟肇鹏:《孔子研究》(增订本),中国社会科学出版社 1990 年版,第 265 页。
③　李耀仙:《先秦儒学新论》,巴蜀书社 1991 年版,第 127 页。

的原话进行整理加工、以己意出之的结果。

　　孟子是个理想主义者,这在他对《尚书》的论述中表现得很清楚。他喜欢用"当然"之理来推测"实然"之事,对《尚书》他自认为不合理处,就产生疑古思想。他说:"尽信《书》,则不如无《书》。吾于《武成》,取二三策而已矣。仁人无敌于天下,以至仁伐至不仁,而何其血之流杵也?"(《尽心下》)孟子从他的王道仁政思想出发,认为"以至仁伐至不仁"的王者之师可以"传檄而定天下""不战而屈人之兵",因此,他不相信《武成》篇所记载的周武王伐纣在牧野会战时"血之流杵"的记载。这说明在历史记载和理论推导之间,孟子是轻前者而重后者的。本于同样的精神,孟子也不完全相信《虞书·尧典》有关尧禅位于舜的记载①,认为天子不能以天下与人,舜为天子乃是"天受"实即"民受"的结果(《万章上》)。孟子提出的"尽信《书》,则不如无《书》"这一读《书》原则非常重要,不但对人们研究《尚书》有所启发,而且对读书治学具有普遍的指导意义。不能迷信书本,不能认为凡是经书上说的就可信,而应该对书上所讲的进行具体的分析考察,这很有点反教条主义的精神,与其论诗之旨是完全一致的。但应该指出,孟子此说也有主观的一面,他不是根据客观事实去怀疑古书的记载,而是根据其"想当然"去怀疑,这种"想当然"能否成立,本身就是一个问题。因此,他的疑古精神就难免有武断之嫌。比如他对《武成》篇"血之流杵"的否定就不合乎历史事实,原因就在于他将"仁者无敌"说得太容易了。从孟子论《诗》《书》、引《诗》《书》的情况看,孟子不但深受《诗》《书》的影响,而且对《诗》《书》有一套独特的见解。因此,我们决不能忽视孟子在《诗》《书》传授和研究过程中的作用。

---

　　① 今见《舜典》。

第二节　孟子与《礼》《乐》

"六经"中的《礼》指《仪礼》。孟子对《仪礼》也很有研究,但《孟子》书中引《仪礼》的,却只有寥寥两则。

一是在孟子阐述了他"君之视臣如手足,则臣视君如腹心;君之视臣如犬马,则臣视君如国人;君之视臣如土芥,则臣视君如寇仇"的君臣关系理论后,齐宣王不服气,说:"礼,为旧君有服,何如斯可为服矣?"(《离娄下》)这是引用"为旧君有服"的《礼》的规定,来反驳孟子,并向他请教君如何对待去职之臣,以争取臣为君服孝之法。齐宣王这里所据之《礼》文,显然出自《仪礼·丧服》中的"为旧君,君之母、妻"。但孟子基于君臣关系的对等原则,认为为臣"为旧君有服"并非绝对的,而是有条件的,君对去臣"三有礼",去臣则为旧君服孝;如无礼于去臣,臣视旧君如寇仇,那就用不着服孝(《离娄下》)。孟子对《仪礼》规定的这种态度,正是他重礼之大义而轻其末节精神的表现,是他对礼学的新发展。

二是在万章问为何不去谒见诸侯时,孟子说:"在国曰市井之臣,在野曰草莽之臣,皆谓庶人。庶人不传质为臣,不敢见于诸侯,礼也。"(《万章下》)这与《仪礼·士相见礼》"宅者,在邦曰市井之臣,在野则曰草茅之臣"相同。孟子以为这是礼,可见他手中有《仪礼》的书本。但他说"庶人不传质为臣,不敢见于诸侯",则反映了他本人的观念。他认为"天子不召师,而况诸侯乎",贤人是天子、诸侯之师,天子、诸侯不以尊敬之礼待之,贤人就不应主动去谒见他们。这种精神也是他对礼学的发展。

《礼记》是解《礼经》之作,是儒家的一部礼学论文集。它虽非全部成于先秦,但它许多的材料在先秦早已存在了,后儒只不过是对其进行了整理加工而已。孟子向弟子们传授礼学,已使用过其中的部分材料。比如卫人北宫锜向孟子请教"周室班爵禄",孟子虽然说"其详不可得而闻也"，但还是向他介绍了周室爵位的等级划分，以及相应的领土大小、俸禄高低。(《万章上》)这一套周代的政治制度，又见于今传《礼记·王制》篇的篇首至"下大夫一命"。从郑玄起，人们都认为《礼记·王制》述《孟子》。其实，今《礼记·王制》的材料，多取自周之《王制》。孟子所述"周室班爵禄"，正取于周之《王制》，这是七十子之徒所追记、阐述之周制。尽管它由于礼坏乐崩没有完全保留下来，但它的许多内容因得孔门传授而未尽失。孟子答北宫锜之问，正取于此，不然，仓促之下，如何能设想得这般周密？汉人作《礼记》，杂取种种礼学资料而汇编成书，也将其收录在内，这就是今本《王制》的主体。因此，与其说是《王制》述《孟子》，不如说是孟子诵《王制》。

孟子论礼取于《王制》并非孤证。《梁惠王下》中论"文王之治岐也"，所称"耕者九一"至"天下之穷民而无告者"一段，也显系取于《王制》。此外，孟子所谓"市，廛而不征""关，讥而不征"(《公孙丑上》)等说，也是取于《王制》，并非孟子杜撰的。

至于孟子论男女婚娶授受礼，多与今《礼记》中《内则》《曲礼》等篇相同，这说明孟子也是读过这些礼学材料的。

由此可见，在先秦礼学传授中，孟子也是一个重要的人物。

孔子"六艺之教"当中有乐，孔子对周乐也确实有修起之功，《论语·子罕》说："子曰：'吾自卫反鲁，然后乐正，《雅》《颂》各得其所。'"但是，是有《乐经》，后来亡佚了，还是根本就没有《乐经》呢？今已不可考知。孟子没有提到过《乐经》，论乐之言也极少。孟子说：人皆"乐乐"(《梁惠王下》)，认为乐具有使人欢乐的特性。又说："仁言不如仁声之入人深也。"(《尽心上》)赵岐注："仁声，乐声《雅》《颂》也。"其说可信。孟子曾言"禹之声""文王之声"，"声"皆指乐。这是说乐对人具有感化作用。孟子是一位善于观乐的思想家。他观赏庙堂所奏之乐，从其金声玉振的鸣声里，体会出乐章演奏出的全过程都充满着条理感、秩序感。因此，孟子用乐来比喻孔子的智、圣一体，赞美他为"集大成"者："孔子之谓集大成。集大成也者,金声而玉振之也。金声也者,始条理也;玉振之也者,终条理也。始条理者,智之事也;终条理者,圣之事也。"(《万章下》)

关于乐,孟子还有一段著名的论述："乐之实,乐斯二者,乐则生矣;生则恶可已也,恶可已,则不知足之蹈之手之舞之。"(《离娄上》)这是说音乐的主要内容是从事亲、从兄两者中得到快乐,这样音乐就使人产生快乐。快乐一产生就会无法休止,以致会不知不觉地手舞足蹈起来。这一方面是强调道德内容是音乐感人的实质,另一方面则说明音乐感人是一个自然的过程。强调音乐内容的道德性,这是儒家的传统。孟子引用孔子的话"恶郑声,恐其乱乐也"(《尽心下》),就是反对郑乐破坏雅乐的道德性。孟子将仁、义、礼、乐并称,他所谓的"乐",实质就是仁义道德之乐。但他肯定音乐感人的自然性,可谓抓住了音乐欣赏的特点,是很有意义的。

第三节　孟子与《易》《春秋》

《孟子》在"六经"中,从未提到过《易》。很多人据此否定孟子时代有《易》和《易传》,这是不能成立的。孔子五十以学《易》,《论语》的记载当是可信的;孔子与《易传》有着密切的联系,甚至被认为是《易传》的作者①,随着马王堆汉墓帛书《周易》的出土,这一看法已为越来越多的人所接受。所以在孟子的时代,《易》和《易传》都是存在的。那么,孟子是否受过《易》教呢? 这是一个值得探讨的问题。

前贤时人提出,孟子思想至少在两个问题上,与《易传》思想是相

---

① 详见廖名春等《周易研究史》第一章第三节,湖南出版社 1991 年版。

通的。① 这使人很受启发。孟子两次论及神化。他说:"夫君子所过者化,所存者神,上下与天地同流,岂曰小补之哉?"(《尽心上》)这是侧重于从政治功业的角度展开论述。他又说:"可欲之谓善,有诸己之谓信,充实之谓美,充实而有光辉之谓大,大而化之之谓圣,圣而不可知之之谓神。"(《尽心下》)这是侧重于从道德修养的角度展开论述。焦循《孟子正义》于此两处皆以《系辞》的神、化之义解之,这是很有眼力的。《周易·系辞》说:"黄帝、尧、舜氏作,通其变,使民不倦;神而化之,使民宜之。""化"见于外,"神"藏于内。圣人之能以德业化人,即"所过者化","大而化之之谓圣";圣人之能"通其变",为常人所不可测知,即"所存者神","圣而不可知之之谓神"。总的说来,圣人之能"通其变",修德立业,使民日迁于善,就是"神而化之,使民宜之"。此外,《周易·泰卦·大象》云:"后以财成天地之道,辅相天地之宜,以左右民。"这是把圣王在自然界和社会领域的一切佐民、佑民措施,都看成是裁成、辅相天地的宇宙本体问题。这和孟子由过化存神进而说"上下与天地同流"的思想是一致的。由此可知,孟子对《易传》的内容应是很熟悉的。

我们前文在讲孟子的方法论时曾指出,孟子非常重视"时"这一范畴。他在评论"清""任""和""时"四个范畴时,认为前三者都各有不足,唯"时"为"集大成",对"时"评价最高,赞扬孔子是"圣之时者"(《万章下》)。孟子这种尚"时"的思想源于何方呢? 这也要从《易传》中寻找。《周易·乾卦·彖传》说:"六位时成,时乘六龙以御天。"《周易·艮卦·彖传》说:"时止则止,时行则行,动静不失其时,其道光明。"《周易·丰卦·彖传》说:"天地盈虚,与时消息。"《周易·豫卦·彖传》说:"豫之时义大矣哉!"《周易·随卦·彖传》说:"随时之义大矣哉!"诸如

---

① 见焦循《孟子正义·尽心上》之《霸者之民》章和《孟子正义·尽心下》之《浩生不害问乐正子何人》章注;李耀仙《从经学角度考察孟荀思想的不同取向》,《先秦儒学新论》,巴蜀书社 1991 年版,第 137 – 139 页。

此类,不胜繁举。① 可见,"时"在《易传》中,应是一个根本性的范畴。孟子这种重"时"的思想,应是出于《易传》。所以,《孟子》一书尽管没有提到过《易》,但从孟子的神化说和尚时观念来看,孟子是深受过《易传》的影响的。

孟子虽不以传《春秋》见称于世,但他在传授的过程中,对《春秋》有着独到的见解。

孟子认为《春秋》有两种:一是鲁国的《春秋》,即未修《春秋》,没有经过孔子修订、改编过的《春秋》,它是国别史,和"晋之《乘》、楚之《梼杌》"一样,都是记载齐桓公、晋文公之类事迹的,所有笔法都是普通史书的笔法(《离娄下》);二是已修《春秋》,它是孔子根据《鲁春秋》"其文""其事"而编写的富有"褒贬""笔削"之"义"以行"天子之事"(《滕文公下》)的纲领性的教材,即后世所谓的《春秋经》。

既然有《鲁春秋》了,孔子为什么还要作《春秋》呢?孟子告诉我们:"王者之迹熄而《诗》亡,《诗》亡然后《春秋》作。"(《离娄下》)"世衰道微,邪说暴行有作,臣弑其君者有之,子弑其父者有之。孔子惧,作《春秋》。《春秋》,天子之事也;是故孔子曰:'知我者其惟《春秋》乎! 罪我者其惟《春秋》乎!'"(《滕文公下》)采诗制度是西周盛世王道的一项重要内容,采诗官到民间采诗,借此了解民情,以献诗的名义将民情上达。所以,王道兴则诗兴。到了东周,王道衰落,采诗制度也就废除了。随着王权的衰微,诸侯们自为礼乐征伐,接着,"陪臣执国命",政自大夫出,国与国之间争霸兼并不止,不守臣道、不守子道的现象层出不穷。因此,需要一部像《诗》那样的作品来反映百姓的疾苦,来主持社会的公道。孔子担心社会更加混乱,担心人们泯灭是非之心,于是撰修《春秋》以代《诗》,发扬《诗》三百篇褒贬善恶的大义,以历史记载的形式来评论是非、主持正义。以孔子的人格和文化修养来

---

① 详见金景芳《论孔子思想的两个核心》,《历史研究》1990 年第 5 期。

说,他承担这一使命是当之无愧的;但就政治责任来说,这是天子的权力,以孔子这样一个去职的大夫而行褒贬天下诸侯、大夫之事,难免要受人非议。所以,孔子修《春秋》,也是担了很大风险的事,是孔子不得已而为之。孟子对孔子作《春秋》的原因和心理进行了深刻的剖析。

一部《春秋》,实际就是一部诸侯争霸兼并史。对此,孟子如何看呢? 他说:"春秋无义战。彼善于此,则有之矣。征者,上伐下也,敌国不相征也。"(《尽心下》)他认为《春秋》所记载的历次战争,都不是正义的战争,为什么呢? 它们不是自天子出的"征伐",而是列国之间的兼并战争。他这是从孔子所作《春秋》对这些战争的贬词所寓之义中体会出来的。尽管如此,孟子对这些违反礼制的不义之战也还是有所区别的。他认为其中有些战争相对而言还是值得肯定的,比如"鲁定公四年召陵之战,诸侯相会,兵不血刃而战解"之类。

对孔子作《春秋》的意义,孟子也进行了赞扬。他说:"孔子成《春秋》而乱臣贼子惧。"(《滕文公下》)这正是孔子宁肯人罪我也要作《春秋》的目的,也是孟子深知孔子作《春秋》之意的表现。

总之,孟子关于《春秋》的这些论述解决了三个问题:第一,明白无误地肯定《春秋》为孔子所作;第二,正确地回答了孔子作《春秋》的政治用意;第三,指出《春秋》与一般史书不同,史书重事,《春秋》重义。汉代经今文家许多观点得自孟子,公羊家治《春秋》更以孟子为起点。因此,说孟子最得孔子作《春秋》之心,是两千多年《春秋》学的奠基人,是有事实根据的。①

综上可知,"六经"是孟子思想的渊源,孟子是先秦著名的经学大师。

---

① 说本吕绍纲《孟子论〈春秋〉》,《史学史研究》1986 年第 1 期。

第九章 《孟子》三考[①]

　　《孟子》一书,谈义理者多,讲考据者少。学者多以为其训诂不成问题,唯有其心性之论方值得深究。但事实上,《孟子》一书也有不少训诂问题值得讨论。清儒王念孙(1744—1832)云:"训诂声音明而小学明,小学明而经学明。"[②]张之洞(1837—1909)也说:"由小学入经学者,其经学可信。"[③]所以,解决了《孟子》的训诂问题,方能将《孟子》之义理落到实处。训诂不明,讲《孟子》之义理不是知其然而不知其所以然,就是差之毫厘、谬以千里。下面从《孟子·告子下》《离娄上》《尽心下》三章中选举三题,试作讨论,供治《孟子》书者参考。

第一节 "人恒过,然后能改"考

　　《孟子·告子下》篇载有孟子一段名言,云:

　　舜发于畎亩之中,傅说举于版筑之间,胶鬲举于鱼盐之中,管夷吾举于士,孙叔敖举于海,百里奚举于市。故天将降大任于是人也,必先苦其心志,劳其筋骨,饿其体肤,空乏其身行,拂乱其所为,所以动心忍性,曾益其所不能。人恒过,然后能改;困于心,衡于虑,而后作;征于色,发于声,而后喻。入则无法家拂士,出则无敌国外患者,国恒亡。

---

　　① 本文为2013年国家哲学社会科学重大项目——"中国四书学史"(13&ZD060)的阶段性成果。

　　② 王念孙:《段若膺〈说文解字注〉叙》,《高邮王氏遗书》民国十四年罗氏辑本,江苏古籍出版社2000年版,第133页。

　　③ 张之洞撰,范希曾补正:《书目答问补正》,上海古籍出版社2001年版,第258页。

然后知生于忧患而死于安乐也。

其中"人恒过,然后能改"一句,东汉赵岐(约108—201)注云:"人常以有谬思过行,不得福,然后乃更其所为,以不能为能也。"①北宋孙奭(962—1033)疏:"又言人常以过谬,然后更改而迁善。"②南宋朱熹(1130—1200)集注:"恒,常也。此又言中人之性,常必有过,然后能改。"③清焦循(1763—1820)疏:"《尔雅·释诂》云:'恒,常也。'《礼记·乐记》云:'过制则乱,过作则暴。'注云:'过犹误也。'《仲尼燕居》云:'不能诗,于礼缪。'注云:'缪,误也。'是缪即过也。思误则行误,因致愆咎,故不得福。更即改也。始以缪而不得福,一更改即能得福,是以不能为能也。"④这些都是将此"恒"字训为"常",以为与下文"国恒亡"之"恒"字同义。近人杨伯峻(1909—1992)本之,将其译为:"一个人,错误常常发生,才能改正。"⑤今天谈《孟子》者,从大师到童蒙,理解多是如此。

但"人恒过,然后能改"说在逻辑上是说不通的。我们不能说只有常常犯错,才能改正错误,因为"恒过"不是"改"过的条件。如果"改"过一定要"恒过"的话,"恒过"就成了"改"过的必要条件,是必不可少的,不"恒过"则不能"改"过。人难免犯错,但不能"恒过",岂能"恒过","然后"才"能改"?

本书认为,"人恒过,然后能改"当为读为"人极过,然后能改",这里的所谓"恒"字实乃"极"之借字。

出土文献中,"极"常常写作"恒"。《周易·系辞传》:"是故易有

① 廖名春、刘佑平整理:《孟子注疏》,第407—408页,《十三经注疏》繁体标点本,北京:北京大学出版社2000年版。
② 廖名春、刘佑平整理:《孟子注疏》,第407—408页,《十三经注疏》繁体标点本,北京:北京大学出版社2000年版。
③ 朱熹:《孟子集注》卷十二,《四书章句集注》,中华书局1983年版,第348页。
④ 焦循:《孟子正义》卷二十五,《儒藏·精华编》第108册,北京大学出版社2012年版,第736页。
⑤ 杨伯峻:《孟子译注》,中华书局1960年版,第299页。

太极,是生两仪。"①"极"字马王堆帛书本作"恒"。② 笔者曾于 1992 年
著《〈帛书系辞释文〉校补》一文,认为"恒"字乃是"极"字的误写。尽
管饶宗颐先生不认可③,但李学勤、张政烺、裘锡圭都有相同的意见④。
郭店楚简《鲁穆公问子思》篇"恒(亘)"字四见,屡有"恒称其君之恶
者"说。⑤ 陈伟指出,"恒"训"常",常常指出君主的过失,语义似不如
读"亟"。先秦古书只有"亟(极)称""亟(极)言"的用例,而不见"恒
称"用例。⑥ 这是说"恒(亘)"当为"极(亟)"字之误。裘锡圭认为"其
说甚确",并进而指出:"在我们所能看到的、数量不能算少的战国时代
的楚简里,基本上是借'亘'为'亟'的。已有学者指出,'亟'和'亘'不
但字形在楚文字中相似,而且上古音也相近,二者的声母皆属见系,韵
部有职、蒸对转的关系,所以楚人会以'亘'为'亟'。"⑦《上海博物馆藏
战国楚竹书》第三册《亘先》篇,有"亘先无有""亘气之[生]"说,整理
者读"亘"为"恒"。⑧ 裘锡圭却认为"从楚简用字习惯和《亘先》文义
来看,'亘先''亘气'应读为'极先''极气'"。⑨ 这些意见,得到古文
字学界的普遍认同,当属可信。由此看来,《孟子·告子下》篇的中
"人恒过,然后能改"的"恒"为"极"字之误,也是完全可能的。

---

① 卢光明、李申整理:《周易正义》,《十三经注疏》繁体标点本,北京大学出版社 2000
年版,第 340 页。

② 傅举有、陈松长编著:《马王堆汉墓文物》,湖南出版社 1992 年版,第 118 – 126 页。

③ 饶宗颐:《帛书〈系辞传〉"大恒"说》,《道家文化研究》第三辑(马王堆帛书专号),
上海古籍出版社 1993 年版,第 18 页。

④ 裘锡圭:《是"恒先"还是"极先"?》,《裘锡圭学术文集》第五卷《古代历史、思想、民
俗卷》,复旦大学出版社 2012 年版,第 331 页。

⑤ 荆门市博物馆:《郭店楚墓竹简》,文物出版社 1998 年版,第 141 页。

⑥ 陈伟:《郭店楚简别释》,《江汉考古》1998 年第 4 期。

⑦ 裘锡圭:《是"恒先"还是"极先"?》,《裘锡圭学术文集》第五卷《古代历史、思想、民
俗卷》,第 326 – 329 页。

⑧ 马承源主编:《上海博物馆藏战国楚竹书(三)》,上海古籍出版社 2003 年版,
第 288 页。

⑨ 裘锡圭:《是"恒先"还是"极先"?》,《裘锡圭学术文集》第五卷《古代历史、思想、民
俗卷》,第 337 页。

"极"有困窘、疲困义。《孟子·梁惠王下》篇:"今王田猎于此,百姓闻王车马之音,见羽旄之美,举疾首蹙頞而相告曰:'吾王之好田猎,夫何使我至于此极也?父子不相见,兄弟妻子离散。'此无他,不与民同乐也。"①又《离娄下》篇:"有故而去,则君搏执之,又极之于其所往。"赵岐注:"极者,恶而困之也。"②西汉王褒《圣主得贤臣颂》:"庸人之御驽马……胸喘肤汗,人极马倦。"③《世说新语·言语》:"顾司空未知名,诣王丞相,丞相小极,对之疲睡。"④清吴善述《说文广义校订·木部》:"极,又因穷极之义引为困也,病也,疲也。"⑤这一解释非常正确。因此,《孟子·告子下》篇"人恒(极)过"之"极"义当为困或病。"人极过,然后能改",是说人困于过,为过所困,吃够了过错的亏,受够了过错的罪,饱经教训,才能痛定思痛、改正错误,而不是说"错误常常发生,才能改正"。

第二节　"思诚者,人之道也"考

《孟子·离娄上》篇又云:

悦亲有道:反身不诚,不悦于亲矣。诚身有道:不明乎善,不诚其身矣。是故诚者,天之道也;思诚者,人之道也。至诚而不动者,未之有也;不诚,未有能动者也。

其"诚者,天之道也;思诚者,人之道也"一句,赵岐注:"授人诚善之性者,天也;思行其诚以奉天者,人也。"⑥孙奭疏:"诚者是天授人诚善之

---

①　廖名春、刘佑平整理:《孟子注疏》,北京大学出版社2000年版,第39页。
②　廖名春、刘佑平整理:《孟子注疏》,北京大学出版社2000年版,第256页。
③　萧统编、李善注:《文选》第五册卷四十七,标点整理本,上海古籍出版社1986年版,第2090页。按:又见《汉书·王褒传》(《汉书》第9册,中华书局1962年版,第2823页)。
④　余嘉锡撰,周祖谟、余淑宜整理:《世说新语笺疏》,中华书局1983年版,第95页。
⑤　丁福保:《说文解字诂林》,中华书局1988年版,第16886页。
⑥　廖名春、刘佑平整理:《孟子注疏》,北京大学出版社2000年版,第236–237页。

性者也,是为天之道也;思行其诚以奉天,是为人之道也。"①朱熹集注:"诚者,理之在我者皆实而无伪,天道之本然也;思诚者,欲此理之在我者皆实而无伪,人道之当然也。②焦循疏:赵氏佑《温故录》云:《中庸》言"诚之"者而下详其目,故以"慎思"为"诚之"一事,乃就所学所问而次第及之,然后进以"明辨""笃行"。《孟子》浑括其辞,独揭一"思"字加本句上,则统所知所行而归重言之,明示人以"反求诸"身为诚身之要,唯思故能"择善",唯思故"固执",君子无往而不致其思,无思而不要于诚。故曰"君子有九思",曰"思不出其位"。孟子尝警人之弗思,而教以"思则得之","先立乎大"。③可见,从赵岐以来的注家,无不以"思诚者"之"思"为"思想"之"思"。杨伯峻因此将其译为:"诚是自然的规律,追求诚是做人的规律。"④将"思"译作"追求",是由思想义而引发,非常清楚。近年来金良年的译文也同⑤。

《礼记·中庸》篇有一段与《孟子》此章近似的文字,曰:

诚身有道:不明乎善,不诚乎身矣。诚者,天之道也;诚之者,人之道也。诚者,不勉而中,不思而得,从容中道,圣人也;诚之者,择善而固执之者也。⑥

所谓"诚者,天之道也;诚之者,人之道也"即《孟子》"诚者,天之道也;思诚者,人之道也"。"诚之"即"使之诚""事之诚",也就是"做到诚"。由此看,《孟子》所谓"思诚","思"不应该是思想或追求的意思,而应该是"使""事",也就是"做到"的意思。这就是说,《孟子》所谓"思诚"之"思",并非本字,而是假借字,是"使"或"事"之假借。

从古音学而言,"思"假借为"使"或"事"完全有可能,因为上古音

<hr>

① 廖名春、刘佑平整理:《孟子注疏》,北京大学出版社2000年版,第237页。
② 朱熹:《孟子集注》卷七,《四书章句集注》,中华书局1983年版,第282页。
③ 焦循:《孟子正义》卷二十五,《儒藏·精华编》第108册,第441页。
④ 杨伯峻:《孟子译注》,中华书局2010年版,第159页。
⑤ 金良年:《孟子译注》,上海古籍出版社2004年版,第157页。
⑥ 龚抗云整理:《礼记正义》,《十三经注疏》繁体标点本,北京大学出版社2000年版,第1689页。

它们韵母都属之部,声母同属齿音。

出土文献中"思"读为"使"的例子非常之多。比如上博简《容成氏》中的"思役百官"就读作"使役百官","思民毋惑"就读作"使民毋惑","思民道之"就读作"使民蹈之","思民不疾"就读作"使民不疾";《曹沫之阵》中的"率不可思犇"就读作"帅不可使犇","思为前行"就读作"使为前行","毋思民矣"就读作"毋使民疑","思忘其死而见其生"就读作"使忘其死而见其生","思良车良士往取之饵"就读作"使良车良士往取之耳","思其志起"就读作"使其志起","勇者思喜"就读作"勇者使喜","蒽者思悔"就读作"蒽者使悔","能治三军,思帅"就读作"能治三军,使帅";《苦成家父》中的"不思反"就读作"不使反","思有君臣之节"就读作"使有君臣之节","为臣者必思君得志于己"就读作"为臣者必使君得志于己","不思从己立于廷"就读作"不使从己莅于廷"。① 楚帛书、包山楚简、望山楚简及新出的清华大学藏战国竹简中,这样的例子还有很多,恕不烦举。

从白于蓝、刘信芳等编纂的战国秦汉简帛通假字字典搜集的大量数据看,"思"与"使"通假是战国时期特有的文字现象,秦汉以后,这样的例子就不见了。② 由此可知,《孟子·离娄上》篇将"使诚者,人之道也"写作"思诚者,人之道也",当是战国时期的书写习惯。《孟子·离娄上》篇此段以"使"为"思",说明其在战国时期已经书写成文了。

《孟子·离娄上》篇此段与《礼记·中庸》篇"诚身有道"章孰先孰后是学界聚讼不已的老问题。以前人们相信司马迁《史记》"子思作《中庸》"③说,多认为《孟子·离娄上》篇此段出自《礼记·中庸》篇

---

① 白于蓝:《战国秦汉简帛古书通假字汇纂》,福建人民出版社 2012 年版,第 845 – 846 页。

② 白于蓝:《简牍帛书通假字字典》,福建人民出版社 2008 年版,第 330 页;白于蓝:《战国秦汉简帛古书通假字汇纂》,福建人民出版社 2012 年版,第 845 – 846 页;刘信芳:《楚简帛通假汇释》,高等教育出版社 2011 年版,第 63 页。

③ 司马迁:《史记》第六册卷四十七,点校本二十四史修订本,中华书局 2014 年版,第 2356 页。

《诚身有道》章。后来人们信《孟子》而疑《中庸》，又多以为《礼记·中庸》篇《诚身有道》章是袭自《孟子》。现在我们知道，《礼记·中庸》篇的"诚之者"不误而《孟子·离娄上》的"思诚者"是"使诚者"之误，应该就会明白，即使《礼记·中庸》篇《诚身有道》章是袭自《孟子》，也是抄的"使诚者"而非"思诚者"。因为只有"使诚者"才能抄作"诚之者"，而"思诚者"如果不是写假借字的话，是不能抄作"诚之者"的。这样，《礼记·中庸》篇《诚身有道》章的写成就应该不会晚于战国，这是下限。至于上限，也就是《礼记·中庸》篇《诚身有道》章是不是会早于《孟子·离娄上》篇此段，当然还可以再讨论。

第三节　"仁也者，人也。合而言之，道也"考

《孟子·尽心下》篇中有一段话颇启人疑窦：

孟子曰："仁也者，人也。合而言之，道也。"

赵岐注："能行仁恩者，人也。人与仁合而言之，可以谓之有道也。"[1]孙奭疏："此章言仁恩须人，人能弘道也。孟子言为仁者，所以尽人道也，此仁者所以为人也。盖人非仁不立，仁非人不行。合仁与人而言之，则人道尽矣。杨子云：'仁以人同。'"[2]朱熹集注："仁者，人之所以为人之理也。然仁，理也；人，物也。以仁之理，合于人之身而言之，乃所谓道者也。"[3]这些都是说"合而言之"是指"人与仁合而言之""合仁与人而言之"。因此，杨伯峻译为："'仁'的意思就是'人'。'仁'和'人'合并起来说，便是'道'。"[4]

"仁"和"人"两字"合而言之"怎么就成了"道"字呢？朱熹虽然像赵岐、孙奭一样，增字为训，敷衍出一番道理，但终觉不妥，因而又提出

---

①　廖名春、刘佑平整理：《孟子注疏》，北京大学出版社 2000 年版，第 458 页。
②　廖名春、刘佑平整理：《孟子注疏》，北京大学出版社 2000 年版，第 458 页。
③　朱熹：《孟子集注》卷十四，《四书章句集注》，中华书局 1983 年版，第 367 页。
④　杨伯峻：《孟子译注》，中华书局 2010 年版，第 305 页。

别解："或曰：外国本'人也'之下有'义也者，宜也；礼也者，履也；智也者，知也；信也者，实也'凡二十字。今按：如此则理极分明。然未详其是否也。"①这是说，《孟子》"人也"下有脱文，如根据"外国本"补上"义也者，宜也；礼也者，履也；智也者，知也；信也者，实也"二十字，就"理极分明"，就是仁、义、礼、智、信"合而言之"谓之"道"了。不过，他对这一"外国本"的可靠性并不放心，故云"未详其是否也"。②

朱子的这一别解后来学者多不以为然。毛奇龄（1623—1716）云："此直错增经文，尤宜救正者。《孟子》自五代以板本行后，亦未有他本别出之事。况外国他本偶行中国，必明见史载。……尔时高丽使者明言其国无他经本。岂有《孟子》别本见南渡后，而其时不载及者？况人不读书，信口捏造。古无有以仁、义、礼、智、信分配五行为五常者也。"③这不但否认《孟子》此章"有他本别出之事"，更从理论上否定了所谓脱文的内容。俞樾（1821—1907）也说："'合而言之道也'六字为一句。此章直是孟子解说仁字之义。《礼记·中庸》篇'仁者，人也'，郑《注》曰：'人也读如相人偶之人，以人意相存问之言。'《说文·人部》'仁，亲也，从人二。'段氏玉裁《注》引郑《注》而释之曰：'人偶犹言尔我，亲密之辞。故其字从人二。'阮氏元《揅经室集》又从而推阐其义，引《曾子制言》篇'人之相与也，譬如舟车然，相济达也。人非人不济，马非马不走，水非水不流'发明'相人偶'之说。明乎此，然后《孟子》此章可得而言矣。盖'仁也者，人也'乃孔门相传之故训也。然仁即是人，何以又制此从人从二之'仁'字？故释之曰'合而言之道也'。夫我，一人也；人，一人也。'仁'于何有必我与人相亲？人与我相亲而

---

① 朱熹：《孟子集注》卷十四，《四书章句集注》，中华书局1983年版，第367页。

② 陈士元《孟子杂记》卷四："《余冬序录》载高丽本《孟子》曰：'仁者，人也；义者，宜也；礼也者，履也；智也者，知也；信也者，实也。合而言之，道也。'所添字句，朱子取之。"（《景印文渊阁四库全书》第207册，台北商务印书馆1986年版，第342页）

③ 毛奇龄著，胡春丽点校：《四书改错》卷十五，华东师范大学出版社2015年版，第327页。

后仁在其中焉。此即'相人偶'之义,亦即仁字从人从二之意。别乎我而为人,此分而言者也。并人我二人而为仁,此合而言者也。故曰'合而言之道也'。赵氏误断'合而言之'四字为句,'道也'二字为句,则其义不可通,遂有增数语于其间,托之外国本者矣。"①此是说,"仁者,人也"之"人",是"相人偶""尔我亲密"之意。"尔我亲密","尔我""合而言之"就是"道",就是"仁"。因此,不应断句为"合而言之,道也",理解成"人与仁合而言之,道也",而应断句为"仁者,人也,合而言之道也",理解成"仁"就是人与人相亲相爱,人与人相亲相爱(合)就叫作"道"。由此出发,俞樾否定了《孟子》此章有脱文的可能,因而直接将有脱文的"外国本"斥为伪托。

按:俞樾说断不可从。"仁"字本非会"从人从二"之意,"从二"乃"从心"之讹。《孟子·告子上》篇:"仁,人心也。"②这是说"仁"是由"人"和"心"组成,会心里装着他人之意,故谓之"爱人"。《韩非子·解老》篇中的"仁者,谓其中心欣然爱人也"③也是此意。郭店楚简《唐虞之道》简八至简九:"爱亲忘贤,仁而未义也;尊贤遗亲,义而未仁也。"简十四:"圣以遇命,仁以逢时。"④"仁"字三见,都写作"🔣",上为"人",下为"心",即"忈"。《中山王🔣鼎铭》有"亡不率🔣",其"🔣"字孙稚雏隶定为"仁"字⑤,赵诚⑥、商承祚(1902—1991)⑦、容庚(1894—

① 俞樾:《群经平议》卷三十三,《续修四库全书》经部群经总义类第178册,上海古籍出版社1995年版,第549–550页。
② 廖名春、刘佑平整理:《孟子注疏》,北京大学出版社2000年版,第365页。
③ 王先慎撰,钟哲点校:《韩非子集解》卷六,中华书局1998年版,第131页。
④ 刘信芳:《楚简帛通假汇释》,高等教育出版社2011年版,第377页。
⑤ 孙稚雏:《中山王🔣鼎壶的年代史实及其意义》,《古文字研究》第1辑,中华书局1979年版,第277页。
⑥ 赵诚:《中山壶中山鼎铭文试释》,《古文字研究》第1辑,中华书局1982年版,第254页。
⑦ 商承祚:《中山王🔣鼎壶铭文刍议》,《古文字研究》第7辑,中华书局1982年版,第51页。

1983）①、于豪亮（1927—1982）②、汤余惠（1943—2001）等同③。"亻=（仁）"所从的"="是什么呢？应该是省文符号，代替构件"心"。这在简帛文献中习见，如："强"字郭店楚简多写作"弜"，以"="代简省了的构件"虫"④；"迟"字写作"徲"⑤，以"="代简省了的构件"辛"；"諗"省作"証"⑥，以"="代简省了的构件"心"。马王堆帛书《易传》中也是如此，"者"写作"耂"，"著"写作"蕃"，"诸"写作"詫"，都是以"="代简省了的构件"日"。⑦许慎《说文解字》将简省符号"="误释成"二"，于是"从人从=（心）"就变成了"从人从二"，"忈"就变成了"仁"。所以，"仁"的本字当作"忈"，"从人从心"，会心中装着他人之意。传统的"从人从二"之训，完全是误读。⑧俞樾据此解"合而言之"，否认《孟子》此处有脱文，是完全不能成立的。

毛奇龄不信《孟子》此章"有他本别出之事"，其论证说服力有限。但他以为脱文的内容不可能仁、义、礼、智、信并举，则颇有眼力。清儒戴大昌（1750—1826）反驳毛奇龄此说⑨，现在看来难以取信。马王堆帛书《五行》篇出来后，庞朴（1928—2015）发现《孟子·尽心下》篇孟子所谓"仁之于父子也，义之于君臣也，礼之于宾主也，智之于贤者也，圣人之于天道也"当据帛书《五行》篇仁、义、礼、智、圣说将"圣人"改

① 容庚：《金文编》卷八，中华书局1985年版，第559页。

② 于豪亮：《中山三器铭文考释》，《于豪亮学术文存》，中华书局1985年版，第39页。

③ 汤余惠：《战国铭文选》，吉林大学出版社1993年版，第31页。

④ 荆门市博物馆：《郭店楚墓竹简》，文物出版社1998年版，《老子》甲本第6、7简，《成之闻之》第13、15、23简，《六德》第32简，《语丛四》第25简，《残》5简，共9例。

⑤ 荆门市博物馆：《郭店楚墓竹简》，文物出版社1998年版，《老子》乙本第10简。

⑥ 荆门市博物馆：《郭店楚墓竹简》，文物出版社1998年版，《五行》第16、17简，《老子》甲本第27简。

⑦ 廖名春：《马王堆帛书周易经传释文》，《续修四库全书》经部易类第一册，上海古籍出版社1995年版，第1-56页。

⑧ 廖名春："仁"字探原》，《中国学术》第8辑，商务印书馆2001年版。

⑨ 戴大昌：《驳四书改错》卷十五，《续修四库全书》经部四书类第169册，上海古籍出版社1995年版，第222-223页。

为"圣"。① 其实,朱子当年也怀疑"人"字是衍文,故用"或曰"提出。②
段玉裁(1735—1815)有《孟子"圣之于天道也"说》一文,也认为:"经
文之剩'人'字,当作'圣之于天道也',而冰释理顺矣。"③不过,这一意
见没有引起学人的重视。现在,我们知道,《孟子》书有将仁、义、礼、智
并举,如《公孙丑上》篇的"四端"说、《告子上》篇的"四心"说、《尽心
上》篇的"仁义礼智根于心"说,也有将仁、义、礼、智、圣并举,如上述
《尽心下》篇所云,但确实没有并称仁、义、礼、智、信的。因此,《孟子》
所谓"外国本"有仁、义、礼、智、信并举的内容,确实有一定问题。

不过,从"仁也者,人也。合而言之,道也"说来看,孟子分明是指
"人"与什么"合而言之"而成"道",有脱文非常明显,朱熹的怀疑是有
道理的。笔者认为《孟子》这一段所脱落的文字有五,当补"义也者,
路也"五字。《万章下》篇孟子有"夫义,路也"说④,《告子上》篇孟子
有"义,人路也"说⑤,《离娄上》篇孟子有"义,人之正路也"说⑥。扬雄
《法言·修身》也有"义,路也"说⑦。因此,补这五字可谓有据。

为什么说"人"与"路""合而言之"是"道"呢?我们从古文字材料
中可以看得很清楚。《古尚书》"道"字作"𧗟",《碧落碑》同,金文作
"𧗟"(《散盘》)。容庚因而称"道"字从"首"从"行"(《金文编》第二
卷)即"衜"。戴家祥(1906—1998)说:"行"象街道形,"首"表示人。
从"行"从"首",表示人所通行的道路。⑧"首"是以人的局部特征头部

---

① 庞朴:《马王堆帛书解开了思孟五行说之谜——帛书〈老子〉甲本卷后古佚书之一的
初步研究》,《文物》1977 年第 10 期。
② 朱熹:《孟子集注》卷十四,《四书章句集注》,中华书局 1983 年版,第 370 页。
③ 段玉裁撰,钟敬华点校:《经韵楼集(附补编年谱)》,上海古籍出版社 2008 年版,第
81 - 82 页。
④ 廖名春、刘佑平整理:《孟子注疏》,北京大学出版社 2000 年版,第 339 页。
⑤ 廖名春、刘佑平整理:《孟子注疏》,北京大学出版社 2000 年版,第 365 页。
⑥ 廖名春、刘佑平整理:《孟子注疏》,北京大学出版社 2000 年版,第 235 页。
⑦ 汪荣宝:《法言义疏》,中华书局 1987 年版,第 92 页。
⑧ 李圃主编:《古文字诂林》第 2 册,上海教育出版社 1999 年版,第 461 页。

代表"人",因此《古尚书》、古《道德经》又写作"䘖",从"人"从"行"。①《老子》第三十章"以道佐人主者,不欲以兵强于天下",郭店楚简本"道"就写作"䘖"。郭店楚简《六德》篇简七"君子如欲求人道","道"字也写作"䘖"。写作"䘖"的"道"字,郭店简竟高达22例②,说明这是战国时期较为流行的写法。因此,孟子将"合而言之,道也"的"道"写作从"人"从"行"的"䘖",完全有可能。

"䘖"即"道",由"人"和"行"组成,会人所通行之道路意。所以,孟子说:"仁也者,人也;[义也者,路也]:合而言之,道也。""行"象街道形,也就是"路"。"人"和"行",也就是"路","合而言之",就是"䘖(道)"。明白了这一点,就会知道孟子"仁也者,人也。合而言之,道也"这一段,一定得有"义也者,路也"五字才行。没有这五字,说"合而言之,道也"就扞格不通了。

今本《孟子·尽心下》篇为什么会少"义也者,路也"五字呢?很有可能是脱简所致。《孟子》这段话原本很可能由三简组成,第一简是"仁也者,人也",第二简是"义也者,路也",第三简是"合而言之,道也"。在流传过程中,第二简脱落,人们将第一简和第三简连读,就变成了今本的"仁也者,人也。合而言之,道也"。郭店简《语丛一》第六十九简"父子,识上下也",第七十简"兄弟,识先后也",每简都是六字;③第九十二简"爱善之谓仁",第九十三简"仁义为之臬",每简都是五字。④ 其书写或许就与《孟子》这段话的原本差不多,可以借鉴。

---

① 李圃主编:《古文字诂林》第2册,上海教育出版社1999年版,第456页。
② 李守奎:《楚文字编》,华东师范大学出版社2003年版,第107页。
③ 荆门市博物馆:《郭店楚墓竹简》,文物出版社1998年版,第82页。
④ 荆门市博物馆:《郭店楚墓竹简》,文物出版社1998年版,第84页。